Nebulosa – Figuren des Sozialen
08/2015
Hunger

Nebulosa
Figuren des Sozialen

08/2015

Hunger

Herausgegeben von Eva Holling,
Matthias Naumann und Frank Schlöffel

Neofelis Verlag

Nebulosa – Figuren des Sozialen
08/2015: Hunger
Hrsg. v. Eva Holling / Matthias Naumann / Frank Schlöffel

Bibliografische Information der Deutschen Nationalbibliothek
Die Deutsche Nationalbibliothek verzeichnet diese Publikation in der Deutschen Nationalbibliografie; detaillierte bibliografische Daten sind im Internet über http://dnb.d-nb.de abrufbar.

Umschlaggestaltung: Marija Skara
Druck: PRESSEL Digitaler Produktionsdruck, Remshalden
Gedruckt auf FSC-zertifiziertem Papier.
ISSN: 2193-8490
ISBN (Print): 978-3-95808-003-4
ISBN (PDF): 978-3-95808-090-4

Erscheinungsweise: zweimal jährlich
Jahresabonnement 22 €, Einzelheft 14 €
Erhältlich in Ihrer Buchhandlung oder direkt beim Neofelis Verlag unter:
vertrieb@neofelis-verlag.de

Ein Abonnement verlängert sich automatisch um ein Jahr, wenn die Kündigung nicht mindestens drei Monate vor Ende des Kalenderjahrs erfolgt ist.

Inhalt

Editorial

Die vorliegende Ausgabe von *Nebulosa* widmet sich dem Thema des Hungers. Sie begreift ihn gleichermaßen als biologisches und soziales Phänomen, das für jeden einzelnen Menschen zunächst basal als Aspekt seines Körpers eine lebenswichtige Rolle spielt. Allerdings ist gerade Hunger eine soziale Figur und ein Politikum, denn mit ihm sind immer auch die ihn bedingenden Verhältnisse des (Nicht-)Zugangs zu Nahrungsmitteln zu betrachten. Wenn in den kapitalistischen Weltverhältnissen 842 Millionen Menschen hungern, ist dies keine bedauerliche, biologisch-natürliche Gegebenheit, sondern Ergebnis globaler, gesellschaftlich eingerichteter Ungerechtigkeit. Ob Hunger also selbst gewählt sein kann, etwa als Ausdruck politischen Widerstands oder religiöser Überzeugung, oder ob es keinen Ausweg aus ihm gibt, unterscheidet Hungernde grundlegend und ist Ausdruck einer gespaltenen Welt. So wird Hunger leicht als mediales Stereotyp instrumentalisiert, dient aber aufgrund seines Potentials zur übergreifenden gemeinsam-menschlichen Erfahrung ebenso als Metapher in verschiedensten Bereichen. Er eröffnet ein grundlegendes Spannungsfeld zwischen Notwendigkeit, Bedürfnis und Begehren, in dem sich die einzelnen Beiträge dieser Ausgabe positionieren:

Michaela Zöhrer widmet sich in ihrem Beitrag dem Motiv des Hungerkindes in der Praxis internationaler Hilfsorganisationen und zeichnet seine Transformationen nach. Manuela-Claire Warscher untersucht vergleichend die sozialen und ökonomischen Erscheinungsformen von Hunger in den letzten Jahrzehnten der Habsburger Monarchie in ländlichen Regionen und der Metropole Wien. Isabella Marcinski analysiert die körperliche Erfahrung von Hunger in der Anorexie und bettet jene in verschiedene soziale Kontexte ein. Rolf Bier nähert sich aus verschiedensten Perspektiven Bildender Kunst auf alltägliche Gegenstände den in ihnen verborgenen Abbildungen und Darstellungen von Hungerzusammenhängen. Frederike Felcht zeigt, wie Hunger in der Poesie von Elmer Diktonius sowohl künstlerische wie politische Wirkung entfaltet. Felix Lenz arbeitet Goethes Inbezugsetzung von Hunger und Sehen auf, Benjamin Möckel widmet sich den durch das Live Aid Festival 1985 generierten Bildern des

Hungers, und Gregor Balke untersucht das Verhältnis bzw. die Analogien des Hungers zwischen Zuschauer_innen von Fernsehserien und der Figur des Zombies. Zum Schluss bezieht Christiane König in ihrem Kommentar zu *Nebulosa* 07 noch einmal deutlich Position zum gesellschaftlichen Einsatz der Prinzessin.

Die vorliegende Ausgabe der *Nebulosa* ist die letzte, die erscheinen wird. Leider traf die Zeitschrift beim Lesepublikum nicht auf die Resonanz, die wir uns als Redaktion gewünscht haben und die für das wirtschaftliche Überleben der Zeitschrift notwendig gewesen wäre.
Wir möchten uns ganz herzlich bei den Autor_innen und Künstler_innen, die die Themenhefte der letzten Jahre mit ihren Beiträgen bereichert haben, bedanken. Ohne Euer Engagement, eure intensive Arbeit an den Artikeln und eure Geduld wären die spannungsreichen Auseinandersetzungen um die Figuren des Sozialen, anfangs im Kontext von Sicht- und Unsichtbarkeiten, in späteren Ausgaben in weitläufigeren sozialen, politischen, kulturellen und künstlerischen Zusammenhängen, nicht möglich gewesen. Besonderer Dank gilt auch den Beiträger_innen, die sich – häufig auch kurzfristig – bereit erklärt haben, die Foren von *Nebulosa* zu füllen, um den Diskurs über die Prinzessinnen, die Arbeiterinnen und Arbeiter, das Maßnehmen/Maßgeben, die Gespenster, die Subversion und die Wahrnehmung und das Erscheinen weiterzuführen.

Frankfurt am Main und Berlin, Juni 2016
Eva Holling, Matthias Naumann und Frank Schlöffel

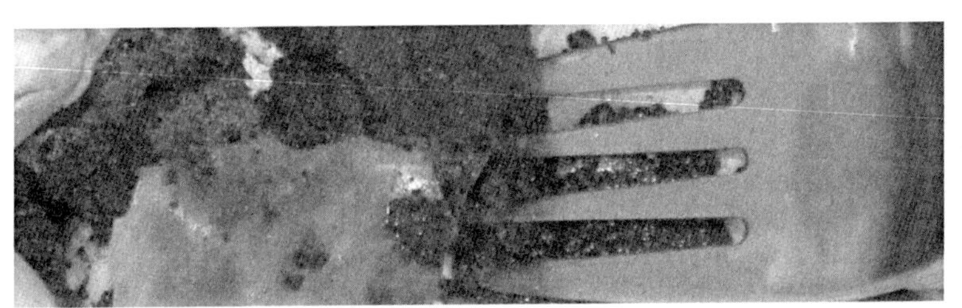

Das ‚Hungerkind' (in) der Praxis internationaler Hilfsorganisationen

Michaela Zöhrer

Fragt man nach der wichtigsten Ikone der Praxis international tätiger Hilfsorganisationen, liegt eine Antwort besonders nahe: Es ist das hungernde Kind. Sein Körper ist ausgemergelt, bisweilen hat es einen sogenannten Hungerbauch; es erscheint isoliert, mit Ausnahme vielleicht von seinen Körper belagernden Fliegen oder internationalen Helfer_innen, gerne ‚Helden in Weiß' oder prominente Persönlichkeiten. Das sogenannte Hungerkind ist das traurige und schockierende, mit den Jahren zunehmend in die Kritik geratene Kultbild, das neben fernem Hunger und Leiden vor allem der Praxis der ‚internationalen Hilfscommunity' ein medien-öffentliches Gesicht gab, letztgenannter bis heute eine geteilte humanitäre Identität verleiht.[1]
Ich zeige im vorliegenden Beitrag auf, inwiefern das ‚Hungerkind' einen (identitäts-)konstitutiven Angelpunkt (in) der Praxis internationaler nicht-staatlicher Hilfsorganisationen[2] darstellt. Diese Sichtweise wird nicht nur von historischen Betrachtungen nahegelegt, sondern bestätigt sich auch in der Gegenwart, in der das visuelle Hungerkind-Motiv wenn nicht verschwunden, dann doch seltener in der öffentlichen Kommunikation von Hilfsorganisationen zu beobachten ist. Ich stelle nachfolgend dar, inwiefern das ‚Hungerkind' von einem Bildmotiv im engeren Sinne zu einem Sinnbild humanitärer Repräsentationspraxis und deren Kritik avancierte. Abschließend diskutiere ich, inwiefern das ‚Hungerkind' auch jene gegenwärtige Kommunikation von Hilfsorganisationen ausmacht und durchzieht, die sich von der Reproduktion des visuellen Hungerkind-Motivs – bisweilen explizit – distanziert.

1 Kate Manzo: Imaging Humanitarianism. NGO Identity and the Iconography of Childhood. In: *Antipode* 40,4 (2008), S. 632–657.

2 Angesprochen sind als internationale Hilfsorganisationen nicht nur eine Vielzahl an Nichtregierungsorganisationen (NGOs), sondern die von mir bewusst sehr offen gewählte Formulierung schließt potentiell auch das Internationale Komitee des Roten Kreuzes sowie Organisationen der Vereinten Nationen (United Nations, UN) wie das UN-Kinderhilfswerk UNICEF, die UN-Flüchtlingshilfe des UNHCR oder das World Food Programme (WFP) mit ein.

Ferner, (un-)sichtbarer Hunger

Hunger erscheint vor dem heutzutage von einer internationalen Hilfscommunity im Schulterschluss mit den Massenmedien aufgespannten Horizont vornehmlich als ein Problem, das in der sogenannten Dritten Welt bzw. im ‚globalen Süden' zu verorten ist. Dieses Problem gelte es insbesondere ‚vor Ort' anzugehen, d.h. entweder mittel- bis langfristig durch Entwicklungsmaßnahmen zu bewältigen oder akut am medizinisch-individuellen Körper zu kurieren.[3] Zugleich muss es einer ‚heimischen' (Medien-)Öffentlichkeit, die dem Elend und der Not nicht mit eigenen Augen ansichtig werden kann, nahegebracht werden – insbesondere um Spenden, eventuell auch weitergehenden Aktivismus zu mobilisieren. Aus der Warte des so adressierten Publikums, das in der Regel als homogene, *weiße*[4], nicht-hungernde, in Sicherheit geborgene Öffentlichkeit imaginiert wird,[5] handelt es sich stets um einen *fernen* Hunger – um einen Hunger, der medial vermittelt und medial konstituiert ist.

Wird Hunger als eine *innere* „Qual, die durch einen Mangel an Nahrung erzeugt wird"[6], verstanden, dann ist erforderlich, dass die mit ihm einhergehenden „körperliche[n] Schmerzen und psychische[n] Leiden nicht in ihrer Sprachlosigkeit ungehört bleiben", sondern es diesen „gelingt, die Kommunikation der Gesellschaft zu irritieren und dort neue Differenzen auszulösen."[7] Damit Hunger für andere, d.h. *sozial* real wird, ist es also notwendig, dass er sichtbar bzw.

3 Nur am Rande berücksichtigen werde ich nachfolgend jenen ‚Kampf gegen den Hunger' vonseiten nichtstaatlicher Organisationen, der sich als Advocacy-Praxis versteht und dabei das Menschenrecht auf Nahrung in den Vordergrund rückt.

4 *Weiß* und *schwarz* bezeichnen keine biologischen Marker, sondern sind als gesellschaftliche und politische Konstrukte zu verstehen. Vgl. hierzu Alexander Thattamannil-Klug: *Othering* – zu „Anderen" gemacht. Ein in der Friedenspädagogik vernachlässigtes Phänomen. In: *Zeitschrift für Friedens- und Konfliktforschung* 4,1 (2015), S. 147–162.

5 Kritisch hierzu: Jonathan Corpus Ong: "Witnessing" or "Mediating" Distant Suffering? Ethical Questions across Moments of Text, Production, and Reception. In: *Television & New Media* 15,3 (2014), S. 179–196.

6 Ekin Birol / Klaus von Grebmer / Purnima Menon / Nilam Prasai / Amy Saltzman / Andrea Sonntag / Jennifer Thompson / Doris Wiesmann / Sandra Yin / Yisehac Yohannes: *Welthunger-Index 2014: Herausforderung verborgener Hunger.* Bonn / Dublin / Washington, DC: Welthungerhilfe / Internationales Forschungsinstitut für Ernährungs- und Entwicklungspolitik / Concern Worldwide 2014, S. 7.

7 Gunther Teubner: Die Anonyme Matrix: Zu Menschenrechtsverletzungen durch ‚private' transnationale Akteure. In: *Der Staat* 45,2 (2006), S. 161–187, hier S. 172.

greifbar wird.[8] Von besonderer Bedeutung sind im Interventionskontext wie auch in der öffentlichen Kommunikation von Hilfsorganisationen neben anthropometrischen Vermessungsverfahren[9] insbesondere jene ‚natürlichen' somatischen Spuren, die Hunger respektive Unterernährung ‚offensichtlich' machen: Der erwähnte Hungerbauch, der mit der Proteinmangel-Erkrankung Kwashiorkor einhergehen kann, ist ein ebenso extremes wie bekanntes Beispiel. Ebenfalls vertraut sind weitere visuelle Marker von Hunger bzw. krasser Mangelernährung, die am individuellen Körper festgemacht werden können, wie hervorstehende Rippen als Zeichen der Auszehrung, eingefallene Gesichter oder apathische und leere Blicke.[10] Es handelt sich in keinem dieser Fälle um Hunger ‚als solchen', sondern um eine mitunter medial hervorgebrachte Hunger-Ikonographie: „an iconography of symbols that stand in for pain and thus become the representational alibis for actual pain."[11] Entsprechende *körperliche* Sichtbarkeitsmarker und ‚Sichtbarkeitsmacher' prägen maßgeblich das massenmedial vermittelte, via Fotografie und Film mitgezeichnete (Elends-)Bild eines fernen Hungers.

Hunger als humanitärer Beweggrund

Dass Hunger erst zu einem sozialen Problem werden musste, bevor dieser etwa zu karitativer Anteilnahme oder politischem Protest bewegen konnte, betont der Historiker James Vernon in *Hunger: A Modern History*[12]. Hunger, verstanden als göttliche Fügung, war (und ist) Vernon zufolge ebenso ungeeignet, außenstehende Personen zu aktivieren, wie ein Hunger, der als individuelles Versagen der

8 Auch der ‚Welthunger' und dessen Entwicklung über die Jahre hinweg werden regelmäßig sicht- bzw. greifbar gemacht, bspw. via Statistiken, Balkendiagrammen oder Hunger-Weltkarten. Ich konzentriere mich in diesem Beitrag auf personenbezogene statt länder- oder regionenspezifische Repräsentationen von Hunger.

9 Angesprochen sind damit Praxen der Körpervermessung. Gemessen wird etwa die Größe, das Gewicht oder der Oberarmumfang via Waage, Maßband oder MUAC (Mid-Upper Arm Circumference) Band.

10 Vgl. auch Heide Fehrenbach: Children and Other Civilians. Photography and the Politics of Humanitarian Image-Making. In: Dies. / Davide Rodogno (Hrsg.): *Humanitarian Photography*. New York: Cambridge UP 2015, S. 165–199, hier S. 168.

11 Elizabeth Dauphinée: The Politics of the Body in Pain: Reading the Ethics of Imagery. In: *Security Dialogue* 38,2 (2007), S. 139–155, hier S. 142. Vgl. auch Manzo: Imaging Humanitarianism, S. 639.

12 James Vernon: *Hunger. A Modern History*. Cambridge, MA / London: Belknap 2007, Kap. 2–3.

hungernden Person gewertet wird. Erst wenn Hunger nicht mehr dem Willen Gottes oder einem individuellen Unvermögen zugerechnet wird, wenn er als vermeidbarer, keineswegs natürlicher oder alternativloser Umstand betrachtet wird und der/die Hungernde als unschuldig, jedenfalls als nicht selbstverschuldet hungerleidend wahrnehmbar wird, erst dann kann Hunger zu bspw. Kritik oder Wohltätigkeit mobilisieren.

Eine entsprechende, bis heute keineswegs exklusive Definition von Hunger als sozialem Problem etablierte sich Vernon zufolge in Großbritannien ab Mitte des 19. Jahrhunderts. Zugleich ist Hunger als humanitärer Beweggrund, d. h. Hunger als ein Problem, das dazu zu mobilisieren vermag, sich für ‚fremde' und ‚ferne Andere' einzusetzen, ein modernes Phänomen. Dabei ist die historische Etablierung ebenso wie die gegenwärtige Ausgestaltung eines Humanitarismus stark mit der Geschichte (visueller) Medientechnologien einerseits und mit der medialen Repräsentation von Leiden und Atrozitäten andererseits verschränkt.[13] Auch haben sich seit jeher humanitäre und koloniale Praktiken gekreuzt bzw. durchdrungen, wobei letztgenannte ihrerseits auf die medientechnologisch gestützte, mitunter populärkulturelle Konstruktion vermeintlicher Lebenswirklichkeiten in den Kolonien angewiesen waren.[14]

Bereits seit dem späten 19. Jahrhundert werden zum Zwecke der Aufmerksamkeits- und Spendengenerierung bilddokumentarische Repräsentationen von Hunger und Elend herangezogen, die ihren Fokus auf körperliche ‚Abnormalitäten' richten. Dabei bewährte sich das (Foto-)Motiv des ‚Hungerkindes' schon früh als ein Instrument zur (Er-)Weckung von Interesse und Gefühlen und es diente von Beginn an nicht nur der Aufklärung und Bewusstseinsbildung, sondern auch dem Fundraising: zuerst im Kontext humanitärer Engagements im Zuge von Hungersnöten (z. B. Irlands „Great Hunger" von 1845 bis 1852, die Indischen Hungersnöte von 1876 bis 1878, 1896 und 1897)[15], später, d. h. seit dem 20. Jahrhundert, zunehmend auch in der Praxis

13 Vgl. bspw. Vernon: *Hunger*, Kap. 2; Fehrenbach / Rodogno (Hrsg.): *Humanitarian Photography*.

14 Vgl. Stuart Hall: Das Spektakel des ‚Anderen'. In: Ders.: *Ausgewählte Schriften*, Bd. 4: Ideologie, Identität, Repräsentation, hrsg. v. Juha Koivisto / Andreas Merkens. Hamburg: Argument 2004, S. 108–166; Jan Nederveen Pieterse: *White on Black: Images of Africa and Blacks in Western Popular Culture*. New Haven / London: Yale UP 1992.

15 Vgl. Vernon: *Hunger*, Kap. 2–3; Andrew J. May / Christina Twomey: Australian Responses to the Indian Famine, 1876–78: Sympathy, Photography and the British Empire. In: *Australian Historical Studies* 43,2 (2012), S. 233–252.

der sich gründenden Hilfsorganisationen und NGOs im engeren Sinne.[16] Ab Mitte des 20. Jahrhunderts steigerte sich die öffentliche Präsenz und Bedeutung des Hungerkind-Motivs nochmals einhergehend mit Hungersnöten außerhalb Europas und der sie begleitenden Medienberichterstattung und Spendenwerbung: In den 1960er Jahren und insbesondere im Zuge der Hungersnot in Biafra, die als erste im Fernsehen übertragene Hungersnot gilt, begann sich das ‚Hungerkind' als Protagonist von Spendenaufrufen und grundlegend als „universal icon of human suffering"[17] nachhaltig zu etablieren, gemeinsam mit dem Bild einer im Krisenfall ‚vor Ort' intervenierenden internationalen Hilfscommunity.[18] Bis heute wird dem ‚Hungerkind' – verstanden als visuell-dokumentarisches Motiv, d. h. als Ablichtung eines (ver-)hungernden, seit mehreren Jahrzehnten in aller Regel *schwarzen* Kindes[19] – große Relevanz beigemessen, wenn es darum geht, bei einem Medienpublikum Gefühle wachzurufen und Anschlusshandlungen (v. a. Spenden) zu evozieren. Die immer wieder geäußerte Befürchtung einer Abstumpfung oder Ermüdung des Publikums gegenüber ‚schon zu oft gesehenen' Elendsdarstellungen im Allgemeinen und dem Hungerkind-Motiv im Speziellen hat sich bislang nicht bestätigt.[20]

Das ‚Hungerkind' im Fokus der Kritik

Spätestens seit den 1970er Jahren geriet das Hungerkind-Motiv zunehmend in den kritischen Fokus – insbesondere in internen Debatten der erstarkenden Hilfscommunity, aber auch für eine breitere Öffentlichkeit vernehmbar.[21] Die Erfahrungen mit der Hungersnot in Äthiopien

16 Für einen historischen Überblick über die Formierungsphase einer Ikonographie der Kindheit im humanitären Kontext zwischen dem späten 19. Jahrhundert und dem Ende des Zweiten Weltkriegs siehe Fehrenbach: Children and Other Civilians.

17 Stanley Cohen: *States of Denial. Knowing about Atrocities and Suffering*. Cambridge: Polity 2001, S. 178.

18 Vgl. Kevin O'Sullivan: Humanitarian Encounters: Biafra, NGOs and Imaginings of the Third World in Britain and Ireland, 1967–70. In: *Journal of Genocide Research* 16,2–3 (2014), S. 299–315.

19 Vgl. Fehrenbach: Children and Other Civilians, S. 192.

20 Vgl. David Campbell: The Myth of Compassion Fatigue. In: Liam Kennedy / Caitlin Patrick (Hrsg.): *The Violence of the Image: Photography and International Conflict*. London / New York: Tauris 2014, S. 97–124.

21 Einen Einblick in Diskussionen der 1960er und 1970er Jahre von deutschen Hilfsorganisationen gewährt Gabriele Lingelbach: Das Bild der Bedürftigen und die Darstellung von Wohltätigkeit in den Werbemaßnahmen bundesrepublikanischer Wohltätigkeitsorganisationen. In: *Archiv für Kulturgeschichte* 89,2 (2007), S. 345–365.

von 1984 bis 1985, die mit Band Aid und Live Aid[22] über Großbritannien hinaus zum Medien- und Spendenevent avancierte, führten Beobachter_innen zufolge zu einer enormen Verdichtung dieser Kritik.[23] Die einsetzende „imagery debate"[24] leitete nicht nur die Erarbeitung von Ethikkodizes ein (z. B. *Code of Conduct on Images and Messages Relating to the Third World*, 1989), sondern forcierte zudem die Idee eines konstitutiven Zusammenhangs zwischen operativer Interventions- bzw. Hilfspraxis einerseits und der in der öffentlichen Kommunikation herangezogenen Bildsprache andererseits.[25]
Jørgen Lissner, einer der Pioniere einer auch medien-öffentlich geäußerten Kritik an der *imagery* von Hilfsorganisationen, umriss bereits im Jahr 1981 im *New Internationalist* viele jener Kritikpunkte, die auch heute noch die medienethischen und repräsentationskritischen Debatten ausmachen:

> The starving child image is seen as unethical, firstly because it comes dangerously close to being pornographic. […] It puts people's bodies, their misery, their grief and their fear on display with all the details and all the indiscretion that a telescopic lens will allow. […] The starving child image is also unethical because it helps to keep the myth alive that material wealth is the very foundation of a decent quality of life. […] All the pain and agony in our own midst – broken homes, pollution, crime, drug abuse, loneliness – are conveniently swept under the carpet. And so are all the strengths and riches of the 'unfortunate ones' – their ingenuity, their cultural identity, their close family ties, their generosity, their hospitality. The result is inevitable – once again the superiority of Western civilization and Western values has been brought home.[26]

Angesprochen sind mindestens zwei bis heute dominante Stoßrichtungen bzw. Dimensionen der Kritik: Kritisch hervorgehoben wird *zum einen* die Praxis einer Dehumanisierung, Objektivierung und letztlich Entwürdigung der abgelichteten Person. Deren Leiden werde öffentlich zur Schau gestellt, in der Regel ohne (informiertes) Einverständnis der/des Gezeigten, ja bisweilen sogar unter Inkaufnahme von Nachteilen und Sicherheitsrisiken für die konkrete Person. Kritisiert werden deren Zurschaustellung, die einen starken Eingriff in

22 Siehe hierzu den Beitrag von Benjamin Möckel in der vorliegenden Ausgabe.

23 Vgl. Nandita Dogra: *Representations of Global Poverty. Aid, Development and International NGOs*. London: Tauris 2012; Henrietta Lidchi: Finding the Right Image: British Development NGOs and the Regulation of Imagery. In: Tim Allen / Tracey Skelton (Hrsg.): *Culture and Global Change*. London / New York: Routledge 1999, S. 87–101.

24 Dogra: *Representations of Global Poverty*, S. 5.

25 Lidchi: Finding the Right Image, S. 91.

26 Jørgen Lissner: Merchants of Misery. In: *New Internationalist*, Juni 1981. http://newint.org/features/1981/06/01/merchants-of-misery/ (Zugriff am 01.06.2015).

die Privat- und Intimsphäre darstellt, ebenso wie die Nicht-Nennung von Namen, geographischen Details oder anderen Kontextfaktoren. Die dargestellte Person werde letztlich auf ihr Leid reduziert und ist folglich nicht viel mehr als ein Objekt, das stellvertretend für ein ‚größeres' bzw. kollektives Leid zu stehen hat:

> Visualisiert wird nicht das Leiden konkret benannter, sondern abstrakt bleibender Gruppenrepräsentanten. [...] [D]ie Hungernden Afrikas gerinnen zu Kultbildern, zu stilisierten Mustern der visuellen Verkörperung von Schmerzempfindungen [...].[27]

Entsprechende, medien- bzw. bildethisch inspirierte Kritiken werden vornehmlich dann nachdrücklich und mit Vehemenz vorgebracht, wenn das Zeigen der Bilder im Kontext von Spenden*werbung* verortet wird, heilige dieser letztendlich kommerziell anmutende Zweck doch keinesfalls die gewählten Mittel.[28]
Hinzu tritt – *zum anderen* – eine tendenziell langzeitperspektivisch angelegte Kritik, die auf die Reproduktion und Kontinuität von aus der Kolonialzeit stammenden, rassistischen Stereotypen und deren hartnäckige ‚Ablagerung' im öffentlichen Bewusstsein hinweist. Kritisch beobachtet wird die öffentliche Kommunikation von Hilfsorganisationen etwa bezüglich ihrer Fokussierung auf Defizite, der Reproduktion von Klischees und ihrer historischen und politischen Kontextvergessenheit. Im Vordergrund steht jedoch die Kritik an einer relationalen Praxis der Selbstaufwertung über die Abwertung einer als ‚anders' und ‚fremd' gekennzeichneten und hervorgebrachten Gruppe, wobei für die öffentliche Kommunikation von Hilfsorganisationen als besonders gelten kann, dass nicht ‚nur' die

27 Sigrid Baringhorst: Solidarität ohne Grenzen? Aufrufe zur Toleranz, Mitleid und Protest in massenmedialen Kampagnen. In: Jörg Bergmann / Thomas Luckmann (Hrsg.): *Kommunikative Konstruktion der Moral*, Bd. 2. Opladen / Wiesbaden: Westdeutscher Verlag 1999, S. 236–259, hier S. 254; vgl. auch David Campbell: The Iconography of Famine. In: Geoffrey Batchen / Mick Gidley / Nancy K. Miller / Jay Prosser (Hrsg.): *Picturing Atrocity. Photography in Crisis.* London: Reaktion 2012, S. 79–91, hier S. 87.

28 Die Rede ist in entsprechenden Beobachtungen nicht nur von der Instrumentalisierung und Ausbeutung der dargestellten Personen, sondern bspw. auch von einer Manipulation des Publikums – womit das quasi ureigene Geschäft von Werbung recht treffend umschrieben ist. Ein Manipulationsverdacht im Zusammenhang der Kommunikation von Hilfsorganisationen kann nach wie vor empören, solange diese mit Ansprüchen einer altruistischen, Non-Profit-Praxis und/oder einem Bildungsauftrag assoziiert wird.

Minderwertigkeit dieser ‚Anderen' behauptet wird, sondern zudem deren Abhängigkeit von „weißer Hilfe"[29].
Wie die Politikwissenschaftlerin Kate Manzo hervorhebt, erlaubt die „Iconography of Childhood"[30] in diesem Zusammenhang unterschiedliche, teils widersprüchliche Lesarten:

> the same image (such as the much critiqued 'starving baby' image […]) can faithfully represent a shared value such as the principle of humanity whilst problematically representing one part of the world as infantile, helpless, and inferior.[31]

So verkörpert ‚das Kind' modernen westlichen (Ideal-)Vorstellungen von Kindheit folgend nicht nur Verletzlichkeit und Abhängigkeit, sondern insbesondere Unschuld: Das hungernde Kind kann nichts für seinen Hunger. Bekräftigt wird folglich die für humanitäre Handlungen als erforderlich erachtete Unschuldsvermutung; wachgerufen werden kann zudem ein (matriarchaler) Beschützerinstinkt.[32] Das Motiv des Kindes kann jedoch nicht nur als Verkörperung humanitärer Werte und Prinzipen verstanden werden, sondern wird potentiell als koloniale (Bild-)Strategie lesbar: Dargestellt werden ganze „nicht-europäische Völker […] als unmündige Kinder, die noch der Anleitung und der Hilfe und der Unterstützung bedürfen"[33], was die Intervention externer Helfer_innen rechtfertigen soll. Letztlich kumulieren im Falle des ‚Hungerkindes' in seiner visualisierten Gestalt eines hungernden, *schwarzen* Kindes unterschiedliche, für rassistische und koloniale Denkmuster konstitutive Differenzmarker[34] – krank (statt gesund), kindlich (statt erwachsen), passiv (statt aktiv), schweigend (statt sprechend), Opfer (statt Helfer) usw. – zu einem Spektakel des ‚fernen Anderen': „In der Repräsentation scheint eine

29 Daniel Bendix / Timo Kiesel: White Charity: Eine postkoloniale, rassismuskritische Analyse der entwicklungspolitischen Plakatwerbung in Deutschland. In: *Peripherie* 120,30 (2010), S. 482–495, hier S. 484.

30 Manzo: Imaging Humanitarianism.

31 Ebd., S. 652.

32 Wie Sigrid Baringhorst feststellt, scheinen bei einer „säkularisierten Mitleidsethik […] paternalistische Vorstellungen von Hilfe und maternalistische Fürsorgekonzepte synthetisiert" (Baringhorst: Solidarität ohne Grenzen?, S. 254).

33 Aram Ziai im Film *White Charity*, zit. n. Tahir Della / Timo Kiesel: „Wir befreien weltweit!" Rassismuskritik und entwicklungspolitische Spendenwerbung. In: Deutsches Zentralinstitut für soziale Fragen (DZI) (Hrsg.): *DZI Spenden-Almanach 2014*. Berlin: Deutsches Zentralinstitut für soziale Fragen 2014, S. 10–24, hier S. 13.

34 Vgl. z. B. Bendix / Kiesel: White Charity; *White Charity. Schwarzsein & Weißsein auf Spendenplakaten*, ein Film von Carolin Philipp und Timo Kiesel (D 2011). http://www.whitecharity.de/ (Zugriff am 01.06.2015).

Differenz die andere anzuziehen – so dass sie sich zu einem ‚Spektakel' der ‚Andersheit' summieren."[35]
Anzumerken ist, dass bereits Lissner das von ihm prominent kritisierte „starving child image" nicht (nur) buchstäblich fasst. Stattdessen fungiert für ihn das ‚Hungerkind' als eine Art Überbegriff für eine im beschriebenen Sinne fragwürdige (Repräsentations-)Praxis von Hilfsorganisationen; diese wird in der wissenschaftlichen Reflexion vornehmlich als ‚negative' Bildsprache diskutiert. In (web-)öffentlichen Diskussionsbeiträgen werden entsprechende Themen in den letzten Jahren verstärkt aufgegriffen und Kritiken vor allem mit ‚porn' bzw. ‚pornography' betitelt: als ‚poverty porn' oder ‚development porn', seltener als ‚hunger porn' oder ‚disaster porn'. Das Hungerkind-Motiv bleibt dabei zentral: „The stereotype of poverty porn is the African child with a swollen belly, staring blankly into the camera, waiting for salvation."[36] Zugleich wird die Kritik auf sprachlich gezeichnete und auf vergleichsweise subtil daherkommende paternalistische Bilder der ‚Dritten Welt' und von Entwicklungszusammenarbeit ausgedehnt. Weiterhin vorherrschend ist das Verständnis, dass die öffentliche Kommunikation der Hilfsorganisationen von deren operativer Praxis keinesfalls zu trennen sei. Daher habe eine als angemessen verstandene Repräsentation der Hilfspraxis einerseits und der Lebenswirklichkeiten ‚vor Ort' andererseits auf eine Entwürdigung und Instrumentalisierung der dargestellten Personen ebenso zu verzichten wie auf die (narrative/visuelle) Reproduktion der immanent asymmetrischen Beziehung zwischen ‚denen dort' und ‚uns hier' *als* paternalistischer oder gar rassistischer Beziehung.

Zur Persistenz des ‚Hungerkindes' – im buchstäblichen wie übertragenen Sinne

Das ‚Hungerkind' hat in den letzten Jahrzehnten diverse Konjunkturen und Kontextualisierungen[37] in der Praxis westlicher

35 Hall: Das Spektakel des ‚Anderen', S. 114.

36 Matt: What is 'Poverty Porn' and Why Does it Matter for Development? In: *Aid Thoughts*, Juli 2009. http://aidthoughts.org/?p=69 (Zugriff am 01.06.2015).

37 Ohne im Detail darauf eingehen zu können, möchte ich anmerken, dass einzelne Fotografien eines hungernden Kindes über die Jahrzehnte hinweg durchaus divergierende Rahmungen erfahren haben – werden doch nicht zuletzt über den ‚begleitenden' (Kon-)Text potentielle Lesarten des Bildelements ‚Hungerkind' nahegelegt. In diesem Sinne beobachtet zum Beispiel Kate Manzo, wie Kinderbilder in den letzten Jahren immer wieder in einen politisch-advokatorischen Kontext gestellt werden (Manzo: Imaging Humanitarianism).

Hilfsorganisationen erfahren. So galt etwa in den 1990er Jahren das Verschwinden des Hungerkind-Motivs bereits als ausgemacht. Dabei handelte es sich jedoch nur um einen kurzzeitigen ‚Erfolg', der insbesondere auf die erwähnten Kritiken und die diversen Selbstverpflichtungen zu einer ethischen Bildsprache zurückgeführt wurde.[38] So ist das Hungerkind-Motiv heute keineswegs von den Fernsehschirmen, eher noch von den Plakatwänden verbannt.[39] Insbesondere in der Medienberichterstattung zu Hungersnöten und den damit einhergehenden Spendenaufrufen der Hilfsorganisationen ist dessen unverändert ‚abgelichtete Gestalt' immer wieder vorherrschend.[40] John Hilary, Executive Director der NGO War on Want, hat jüngst auf die unerwünschte Wiederkehr einer „development pornography"[41] hingewiesen – darauf, dass ein gewonnen geglaubter Kampf erneut ausgefochten werden müsse.[42] Der konkrete Fall, der Hilary (und andere) beschäftigt, ist ein in mehreren europäischen Ländern ausgestrahlter Fernsehspot[43] der Organisation Save the Children. Dieser reproduziert das ‚Hungerkind' quasi in Reinform – nicht nur aufgrund der gewählten Bildsprache. Nicht zuletzt weil Kontextinformationen (wie bspw. der Bezug zu einer konkreten Hungerkrise) fehlen, fällt es schwer, diesem Spot Aufklärungs- oder Bildungsziele zu unterstellen, welche aktuellen gesellschaftlichen sowie professionsethischen Normvorstellungen folgend eine Veröffentlichung solch drastischer Bilder rechtfertigen könnten.[44]

38 Nikki van der Gaag: Images of Fundraising. In: Jill Mordaunt / Rob Paton (Hrsg.): *Thoughtful Fundraising*. London / New York: Routledge 2007, S. 184–198, hier S. 187–188.

39 Das beobachten auch Della / Kiesel: „Wir befreien weltweit!", S. 12.

40 Campbell: The Iconography of Famine.

41 John Hilary: The Unwelcome Return of Development Pornography. In: *New Internationalist*, Dezember 2014. http://newint.org/features/2014/12/01/development-pornography/ (Zugriff am 01.06.2015).

42 Ebd.

43 Save The Children: TV-Spot Werbung – Mangelernährung (deutsche Version). https://www.youtube.com/watch?v=qoxIs_XNqF4 (Zugriff am 01.06.2015). Der Spot, der einige Zeit auf der Startseite von Save the Children Deutschland zu sehen war, scheint zwischenzeitlich aus dem Netz genommen worden zu sein. Die englische Version ist nach wie vor abrufbar unter: https://www.youtube.com/watch?v=99pQ0KJfdoE (Zugriff am 20.01.2016).

44 Vgl. Philippe Calain: Ethics and Images of Suffering Bodies in Humanitarian Medicine. In: *Social Science & Medicine* 98 (2013), S. 278–285.

Auch wenn von einem Verschwinden des Hungerkind-Motivs demnach nicht die Rede sein kann, werden in der öffentlichen Kommunikation von Hilfsorganisationen körperliche Extreme wie der ‚Hungerbauch' oder Auszehrung, die Mitglieder eines westlichen Medien- und Spendenappell-Publikums als Indizien für Hunger – und Hunger als Äquivalent für Not, Mangel oder Unterentwicklung[45] – zu lesen gelernt haben, immer seltener als Ausweis für einen Bedarf an Hilfe herangezogen. Zu beobachten sind mit Blick auf das ‚Hungerkind' daneben weitere Trends (in) der Praxis international tätiger Hilfsorganisationen: Zum einen fällt die ungebrochene, in den letzten Jahrzehnten mutmaßlich sogar gesteigerte Verbreitung des fotodokumentarisch isoliert abgelichteten *schwarzen* bzw. rassifizierten Kindes auf.[46] Zum anderen beginnen sich in den letzten Jahren neue Sichtbarkeitsmarker eines fernen Hungers – wiederum mit Kindern assoziiert – zu etablieren, die ‚Hunger' oder die Lösungen dieses Problems visuell auszuweisen helfen. Insbesondere das sogenannte MUAC-Band[47] (als Problemindikator) und die in silberne Päckchen eingeschweißte Erdnusspaste (als Problemlösungsinstrument) finden nicht nur in der operativen Interventionspraxis von Hilfsorganisationen, sondern auch in deren öffentlicher Kommunikation zunehmend Verbreitung. Nicht zuletzt wird immer wieder auf fotodokumentarische Darstellungen von Menschen verzichtet und/oder an pop- und jugendkulturelle Werbekonventionen und Bildtraditionen angeschlossen.[48] Allgemein scheint die Nachfrage nach und das Angebot an lösungsorientierten Erfolgsstorys anstelle einer sprachlichen und/oder visuellen ‚Dramatisierung' körperlichen Leids in den vergangenen Jahren zugenommen zu haben.

Ein aktuelles Beispiel eines solchen Angebots ist die „Kampagne gegen Mangelernährung" von UNICEF Deutschland. Auf Plakaten,

45 Erica Burman: Innocents Abroad: Western Fantasies of Childhood and the Iconography of Emergencies. In: *Disasters* 18,3 (1994), S. 238–253, hier S. 241.

46 David Jefferess: Introduction: 'The White Man's Burden' and Post-Racial Humanitarianism. In: *Critical Race and Whiteness Studies* 11,1 (2015), S. 1–13, hier S. 3.

47 Mit Hilfe des MUAC-Bandes wird bei Kindern unter fünf Jahren der Oberarmumfang gemessen, um mittels dessen Ampelskalierung den Grad der (Unter-)Ernährung zu diagnostizieren.

48 Vgl. Melissa M. Brough: "Fair Vanity": The Visual Culture of Humanitarianism in the Age of Commodity Activism. In: Sarah Banet-Weiser / Roopali Mukherjee (Hrsg.): *Commodity Activism: Cultural Resistance in Neoliberal Times*. New York: New York UP 2012, S. 174–194.

auf denen vor grellblauem Hintergrund eine Erdnuss in Szene gesetzt ist, wird tituliert: „Statt hungernder Kinder zeigen wir Ihnen hier die Lösung."[49] Explizit Abstand genommen wird damit in selbstkritisch anmutender Manier von der fotografischen Reproduktion des Hungerkind-Motivs; zugleich wird dieses bei so manchem Betrachter abgerufen. Dieser Spendenaufruf baut letztlich, wie viele gegenwärtige Beispiele auf unterschiedliche Weise, auf „phantom spectacles of suffering" auf: „[they] are conjured up imaginatively even as they are renounced rhetorically: we won't show you gruesome pictures."[50] Grundlegend bleibt festzustellen, dass das Austauschen visueller Marker noch kein Garant für eine Transformation der nahegelegten Botschaften bzw. Lesarten ist. In diesem Sinne beobachten Tahir Della und Timo Kiesel, dass eine Hinwendung zu Zeichnungen oder Piktogrammen kein Patentrezept gegen diskriminierende Botschaften darstellt: „Selbst wenn die personalisierten Objekt-/Opferdarstellungen ausbleiben, bleibt die Zweiteilung der Welt in Menschen und Gesellschaften, die ein Problem haben, und denen, die die Lösung bringen."[51] David Campbell weist seinerseits darauf hin, dass ‚positive' Bilder – bspw. Fotos von lachenden Kindern – oftmals spontan als Indiz einer erfolgreichen, internationalen Hilfe gedeutet werden, und stellt fest: „the scopic regime that produces 'Africa' as a place of lack is so strong that many positive images only reinforce the colonial relations of power embodied in the negative images."[52] Es ist also *nicht* das gewählte visuelle Hungermotiv im engeren Sinne, das darüber entscheidet, welche Lesarten oder gar Anschlusshandlungen naheliegen (– eine Spendenzahlung oder doch eine Kritik an der gewählten Bildsprache?). Auch die ‚Flucht zum Objekt' im Fall der UNICEF-Erdnuss entkommt nicht der für humanitäre Praxis letztlich konstitutiven Problem/Lösung- und der darin angelegten

49 Das Plakat (und eine Vielzahl weiterer Materialien) zur Ende 2013 gestarteten Kampagne lässt sich in der Infothek von UNICEF Deutschland herunterladen. UNICEF: Erdnusspaste kann Leben retten. Poster zur UNICEF-Kampagne gegen Mangelernährung. https://www.unicef.de/download/25890/f6f31bdca10d33e858e8df4f6acf816d/p0016-ueberleben-ernuss-plakat-a3-web-pdf-data.pdf (Zugriff am 01.06.2015).

50 Kevin Rozario: "Delicious Horrors": Mass Culture, the Red Cross, and the Appeal of Modern American Humanitarianism. In: *American Quarterly* 55,3 (2003), S. 417–455, hier S. 443.

51 Della / Kiesel: „Wir befreien weltweit!", S. 15.

52 Campbell: The Iconography of Famine, S. 89.

Vorher/Nachher-Logik[53]; sie erlaubt es jedoch, einigen bildethischen Kritikpunkten konstruktiv zu begegnen, insofern nicht mehr ein konkretes Individuum als generalisiertes Objekt stellvertretend für größeres Leid oder eine Interventionspraxis einstehen muss.

Eine letzte Beobachtung erscheint mir wichtig, auch wenn diese vermutlich die Bezeichnung ‚Trend' (noch) nicht verdient hat: Gegenwärtig lässt sich, vielleicht mehr als je zuvor, ein buntes Potpourri der Visualisierung und Versinnbildlichung eines *fernen Hungers* in der öffentlichen Kommunikation von Hilfsorganisationen finden – insbesondere dann, wenn dieser nicht auf den engen und letztlich exzeptionellen (Interventions-)Kontext von Hungersnöten oder akuter Mangelernährung beschränkt, sondern breiter bzw. anders gerahmt wird.[54] In der Folge werden andere Bilder – Bilderwelten und Weltenbilder – möglich, bspw. wenn auf das Menschenrecht auf Nahrung gewissenhaft Bezug genommen wird, der Blick auf Hunger verursachende Lebensmittelspekulationen gelenkt wird, politisch und historisch-kolonial evozierte Ungleichheiten betont werden, Verknüpfungen zwischen individuellen (Konsum-)Entscheidungen ‚hier' und Lebensrealitäten ‚dort' hervorgehoben werden oder wenn zum Beispiel im Zuge der Thematisierung eines „hidden hunger" Mangel- und Fehlernährung nicht mehr als exklusives Problem des ‚globalen Südens' gefasst werden. Tatsächlich setzt das Engagement einiger NGOs bereits wesentlich vielfältiger an, als die nach wie vor dominierende, auf dem ‚Hungerkind' (im buchstäblichen wie übertragenen Sinne) aufbauende Kommunikation von Hilfsorganisationen vermuten lässt.

Zusammenfassend lässt sich festhalten, dass das ‚Hungerkind' der Praxis von Hilfsorganisationen bis heute sein Gesicht (ver-)leiht. Nicht nur, weil es nach wie vor (oder: wieder) als visuelles Motiv, auch jenseits von konkreten Hungerkrisen und Hungersnöten, von so mancher Hilfsorganisation medien-öffentlich ‚ausgestellt' wird. Es steht zudem als In- bzw. Überbegriff für eine Praxis und Kritik der *imagery* von Hilfsorganisationen: Es verweist in verschiedenen Gestalten auf einen fernen Hunger als ein durch Intervention lösbares Problem und es verleiht einer (kritischen) Praxis Kontur, die von der Idee

53 D. h. *vor* der Intervention/Hilfe und *nach* der Intervention/Hilfe.

54 So auch Diana George: Changing the Face of Poverty. Nonprofits and the Problem of Representation. In: John Trimbur (Hrsg.): *Popular Literacy: Studies in Cultural Practices and Poetics*. Pittsburgh: Pittsburgh UP 2001, S. 209–228, hier S. 225.

getragen ist, dass die in der öffentlichen Kommunikation von Hilfsorganisationen gezeichneten Bilder nicht von der operativen Praxis zu trennen sind. Nicht zuletzt hält es sich auch dann, wenn es nicht (mehr) gezeigt wird, hartnäckig: in den Köpfen der Menschen ebenso wie als zwar nicht-visualisierter, aber dennoch in der medialen Kommunikation abgerufener ‚Phantomschmerz'.

„... da ein Notstand der Bevölkerung im eigentlichen Sinne nicht bestehe ...“

Hunger, Not und Armut in der Habsburger Monarchie

Manuela-Claire Warscher

„Nieder mit dem Hunger! Oder wollt Ihr im Elend bleiben?“ – Mit diesen Worten richtete sich im Jahr 1896 ein anonymer Verfasser an das „arbeitende Volke“ der Habsburger Monarchie.[1] Seine Forderung, eine Existenzsicherungskasse zur Unterstützung der armen Bevölkerungsgruppen einzurichten, zeigt nicht nur, wie prekär die Lebensbedingungen dieser sozialen Klasse waren, sondern zeugt vor allem von der wachsenden Kluft zwischen reich und arm, zwischen Überfluss und Mangel, zwischen satt und hungernd.[2] Vor dem Hintergrund dieser Forderung lässt die Reaktion des Wiener Innenministeriums auf ein Notstandsunterstützungsgesuch aus dem küstenländischen Hinterland acht Jahre später eine bewusste Ignoranz, eine verzerrte Wahrnehmung des Alltags der Unterschichten oder Überforderung der Behörden, die von Unterstützungsgesuchen aus allen Kronländern der Habsburger Monarchie überschwemmt wurden, vermuten. Allein im Zeitraum 1870 bis 1918 mussten 40 Reichs- und Kronlandgesetze in Zusammenhang mit der Notstandbekämpfung erlassen werden.[3] „Da ein Notstand der Bevölkerung im eigentlichen Sinne nicht bestehe“[4] ist demnach die Antwort überforderter Behörden in der Bekämpfung von Wirtschaftsstagnation, Arbeitslosigkeit, Armut und Hunger.

Hunger- und Subsistenzkrisen waren im ausgehenden 19. und beginnenden 20. Jahrhundert jedoch nicht nur in der Donaumonarchie, sondern in weiten Teilen Europas vorherrschend. Die Geschichtswissenschaft hat sich den Gründen derartiger

1 Unbekannter Verfasser: *Nieder mit dem Hunger! oder wollt Ihr im Elend bleiben? Eine Frage an das arbeitende Volke.* Wien: Strauß 1896.

2 Ebd., S. 5–6.

3 Vgl. ALEX: Historische Rechts- und Gesetzestexte online. http://alex.onb.ac.at/cgi-content/alex-iv.pl (Zugriff am 28.01.2016).

4 Österreichisches Staatsarchiv (ÖStA), Ministerium des Inneren (MdI), Zl. 49905, 25.01.1908.

Hungersnöte mit unterschiedlichen Schwerpunkten und Ansätzen genähert. Eine Reihe von Arbeiten sieht im Zusammenspiel von Missernten und folgendem Preisanstieg für Nahrungsmittel den Auslöser für Hungerkrisen, die in der Regel mit demographischen Veränderungen einhergingen, also einer Abnahme von Geburten und Verehelichungen und einem Anstieg der Mortalitätsrate.[5] Für andere wie den Wirtschaftswissenschaftler Amartya Sen greift dieser Ansatz jedoch zu kurz. Sie wiederum rücken die gesellschaftlichen und politischen Rahmenbedingungen ins Zentrum der Forschung und orten in Wirtschaftskrisen und ungleichen Zugängen zu Lebensmitteln die Ursprünge von Hungersnöten.[6]
Der vorliegende Beitrag greift diesen Ansatz des eingeschränkten Zugangs zu Lebensmittelproduktion und Nahrungsmitteln im Allgemeinen auf und veranschaulicht anhand zweier Regionen (Küstenland, Wien) der ehemaligen Habsburger Monarchie, welche Bewältigungsstrategien die ländliche und städtische Bevölkerung ergriff, um mit Limitierungen umzugehen. Es wird aufgezeigt werden, dass ländliche Regionen aufgrund ihrer Anbaumöglichkeiten Hungersnöte keineswegs verhindern konnten. Vielmehr waren sie wie städtische Ballungszentren von Hunger, Not und Armut betroffen.

Bäuerliches Elend im Küstenland

Das traditionell bäuerliche Küstenland an der Adria war mehrheitlich von Kroaten in Istrien, Slowenen in Görz-Gradisca, Italienern in Triest und Deutschen bewohnt. Es zählte im Jahr 1910 880.071 EinwohnerInnen.[7] Nach der Grundentlastung von 1848

5 Vgl. u.a. Lucile F. Newman: *Hunger in History. Food Shortage, Poverty and Deprivation.* Oxford: Blackwell 1990; Agnus J.L. Winchester: Response to the 1623 Famine in Two Lancashire Manors. In: *Local Population Studies* 36 (1986), S. 47–48; John Komlos: On the Role of Crisis in Historical Perspective: Comment. In: *Population and Development Review* 14 (1988), S. 159–164; Richard Hoyle: Famine as Agricultural Catastrophe: the Crisis of 1622–24 in East Lancashire. In: *The Economic History Review* 63,4 (2010), S. 974–1002; Ernest Laborusse: *La crise de l'économie française à la fin de l'ancien régime et au début de la révolution.* Paris: Presses Univ. de France 1990; Wilhelm Abel: *Agrarkrisen und Agrarkonjunktur. Eine Geschichte der Land- und Ernährungswirtschaft Mitteleuropas seit dem hohen Mittelalter.* Hamburg: Parey 1978.

6 David Arnold: *Famine. Social Crises and Historical Change.* Oxford: Blackwell 1988, S. 7–8; Amartya Sen: *Ökonomie für den Menschen. Wege zu Gerechtigkeit und Solidarität in der Marktwirtschaft.* München: Hanser 2005.

7 K.k. statistische Central-Commission Wien: *Österreichische Statistik.* Wien: k.k. Hof- und Staatsdruckerei 1882–1916; meine Berechnung. Siehe auch Ernst Bruckmüller:

hielt sich im Küstenland weiterhin ein Feudalsystem (Kolonat), das durch unfaire Pachtverträge Ernteabgaben und Arbeitsleistungen der Kolonen regelte.[8] Die Ernten waren jedoch einerseits aufgrund der archaischen und ineffizienten Arbeitsweisen rückläufig.[9] Andererseits reagierte das landwirtschaftlich ohnehin schwer nutzbare Karstgebiet besonders empfindlich auf die zahlreichen Elementarereignisse. Tatsächlich reduzierten sich die Ernteerträge von 1886/95 auf 1895/04 bei Getreide um knapp 65 und bei Mais um 70%,[10] was zu Hungerkatastrophen in den Jahren 1899 bis 1901 sowie ab 1907 bis zum Ende der Monarchie in Görz-Gradisca und Istrien führte.[11] Der Sommer 1907 war der achte Dürresommer mit Hagelschlägen, die drei Viertel der Heu-, Mais- und Weinernten vernichteten. Da Mais eines der Hauptnahrungsmittel der Bevölkerung war, breitete sich der Hunger immer mehr aus.[12] Dennoch lehnte das Ministerium im Jahr 1907 Unterstützungsleistungen mit der Begründung ab, dass „ein Notstand der Bevölkerung im eigentlichen Sinne nicht bestehe“[13]. So waren Bauern gezwungen, das Vieh bei fallenden Preisen zu verkaufen,[14] um ihren Familien ein Überleben zu sichern. Als sich die Witterungsverhältnisse auch 1908 nicht besserten, wurden „an die wirklich arme[n] Landwirte“ zumindest Futtermittel zu ermäßigten Preisen abgegeben.[15] Die Situation sollte sich nicht mehr maßgeblich bessern. Zeitgenössische Aufzeichnungen belegen, dass die Kolonen

Sozialgeschichte Österreichs. Wien: Verlag für Geschichte und Politik / München: Oldenbourg 2001; Roman Sandgruber: *Die Anfänge der Konsumgesellschaft: Konsumgüterverbrauch, Lebensstandard und Alltagskultur in Österreich im 18. und 19. Jahrhundert.* Wien: Verlag für Geschichte und Politik 1982.

8 Manuela-Claire Warscher: *Der Bauer ist das, was man mit Gewalt aus ihm machte. Zur sozioökonomischen Lage der Bauern im Küstenland.* Dissertation, Universität Wien 2007; Hermann von Schullern-Schrattenhof: *Das Kolonat (Colonat) in Görz und Gradisca, in Istrien, Dalmatien und Tirol.* Wien: k.k. Hof- und Staatsdruckerei 1908.

9 Im Küstenland verwendeten lediglich 2,6% der Bauern landwirtschaftliche Maschinen; der österreichische Gesamtdurchschnitt lag bei 9% (Roman Sandgruber / Alfred Hoffmann (Hrsg.): *Österreichische Agrarstatistik 1750–1918.* Wien: Verlag für Geschichte und Politik 1978, S. 225; eigene Hochrechnung).

10 Ebd., S. 170–185.

11 ÖStA, MdI, Zl. 39100, 23.741-07, 34663-07, Oktober 1907; ÖStA, MdI, Zl. 19698, 25.05.1905

12 ÖStA, MdI, Zl. 39100, 23.741-07, 34663-07, Oktober 1907; ÖStA, MdI, Zl. 19698, 25.05.1905.

13 ÖStA, MdI, Zl. 49905, 25.01.1908; ÖStA, MdI, Zl. 6139, 26.02.1901; Zl. 7163, 12.03.1901, Zl. 31358, 05.08.1901.

14 ÖStA, MdI, Zl. 6954, 05.10.1907.

15 ÖStA, MdI, Zl. 4095, 04.02.1908.

in Görz-Gradisca im Jahr 1914 kaum noch etwas zu essen hatten[16] und die Landwirtschaft im Küstenland wenige Monate vor Kriegsausbruch zum überwiegenden Teil ertraglos war.[17] Die Not wuchs immer mehr. Die letzte Notstanderhebung vor Kriegsausbruch erfasste allein in Görz-Gradisca und Istrien 27.580 Familien; bei der üblichen Familiengröße von fünf bis sieben Personen war die Hälfte der bäuerlichen Bevölkerung in den beiden Regionen notleidend und auf staatliche Unterstützung angewiesen.[18] Offenkundig wird also, dass Nahrungsmittelproduktion und -zugang bereits in den Jahren vor Ausbruch des Krieges empfindlich eingeschränkt waren.

Nachdem sich das Kriegsgebiet über die Hälfte der Gesamtanbaufläche von Görz-Gradisca erstreckte, blieben die Äcker mehr als zwei Jahre unbebaut.[19] Dennoch wurde die hungernde Bevölkerung aufgefordert, ihren Anteil zur ‚vaterländischen Pflicht' beizutragen, indem sie „die Vorräte durch Beschränkung des eigenen Konsums an Nahrungsmitteln streckten".[20] Auch unterband während der Isonzoschlachten der Einsatz der Waggons für die Frontversorgung die Lebensmittellieferungen in Städte und Hinterland.[21] Im Jahr 1918 führten die Mehlquoten auch in Triest und Pula zu Jännerstreiks und im November berechnete der österreichische Ernährungsminister die Versorgung in den Alpen- und Küstenländern nur mehr nach Wochen.[22]

Die Armut und der Mangel vor und während des Krieges erhöhten die Mortalitätsrate insbesondere von Alten, Kindern und Kranken.

16 ÖStA, MdI, Zl. 7665, 20.02.1914.

17 ÖStA, MdI, Zl. 173, 29.12.1913.

18 Warscher: *Der Bauer ist das, was man mit Gewalt aus ihm machte*, S. 108, 110; ÖStA, MdI, Zl. 6124, 18.07.1912.

19 Helmut Rumpler / Anatol Schmied-Kowarzik (Bearb.): Die Habsburgermonarchie und der Erste Weltkrieg. Weltkriegsstatistik Österreich-Ungarn 1914–1918. Bevölkerungsbewegung, Kriegstote, Kriegswirtschaft. In: *Die Habsburgermonarchie 1848–1918*, Bd. XI.2. Wien: Verlag der Österreichischen Akademie der Wissenschaften 2014, S. 223, 243.

20 Emanuel Edler von Singer: Die Ernährung Triests und des Küstenlandes. In: *Neues Wiener Tagblatt*, 04.04.1916, S. 24.

21 Manfred Rauchensteiner: Der Krieg am Isonzo aus Sicht eines österreichischen Historikers. In: Andreas Moritsch (Hrsg.): *Isonzo-Protokoll.* Klagenfurt / Wien: Hermagoras 1994, S. 15–27, hier S. 22–23.

22 Arnold Suppan: Frauen im Krieg. Die Rolle der Frau im Ersten und Zweiten Weltkrieg im östlichen und südöstlichen Europa. In: Marija Wakounig (Hrsg.): *Die gläserne Decke: Frauen in Ost-, Ostmittel- und Südosteuropa im 20. Jahrhundert.* Wien / Innsbruck: StudienVerlag 2003, S. 226–255, hier S. 240.

Die historische Forschung ist sich darüber weitgehend einig, dass nach 1740 Subsistenzkrisen in Europa nicht mehr automatisch zu höheren Hungertodraten führten, sondern dass vielmehr eine Kombination aus Unterernährung und anderen Faktoren wie Hygiene oder Wohnmöglichkeiten die Ausbreitung von Epidemien beschleunigte, die die Mortalität ansteigen ließ.[23] Erreicht diese Mortalität nun einen Schwellenwert von 30 %, so kann eine Subsistenzkrise angenommen werden.[24] Tatsächlich stieg die Sterblichkeit im Küstenland von 1881 bis 1910 um 30 %. Dabei waren vor allem lebensmittelinduzierte Krankheiten wie Tuberkulose oder Pellagra bzw. hygienebedingte Erkrankungen wie Typhus als Todesursachen auszumachen.[25]

Bewältigung der Not

Infolge der drückenden Pachtbedingungen war jeweils rund ein Drittel der bäuerlichen Bevölkerung in Istrien und in Görz-Gradisca auf staatliche Unterstützung angewiesen.[26] Folglich war der Zuverdienst aus der Lohnarbeit und Hausindustrie zum Familienbudget notwendig und somit die primär patriarchale Gesellschaft auf Frauenarbeit angewiesen. Hausfrauentätigkeit als eigentlich identitätsstiftender Faktor ländlicher Weiblichkeit[27] entsprach somit ebenso wenig der küstenländischen Realität wie die Reduktion der berufstätigen verheirateten Frauen in den Jahren vor Kriegsausbruch.[28] Dennoch wurde der ideologisch und materiell begründete männliche Autoritätsanspruch weder durch die Erwerbsarbeit der Frau noch durch die ökonomischen Engpässe in Frage gestellt.[29] Vielmehr muss die Berufstätigkeit von rund der Hälfte der verheirateten Frauen in der Fischerei, Forst- und Landwirtschaft sowie der verstärkte Arbeitseinsatz von Kindern

23 John D. Post: Famine, Mortality, and Epidemic Disease in the Process of Modernization. In: *The Economic History Review* 29,1 (1976), S. 14–37, hier S. 14–15.

24 Andreas Gestrich: Hungersnöte als Armutsfaktor. In: Sylvia Hahn (Hrsg.): *Armut in Europa 1500–2000*. Innsbruck / Wien: StudienVerlag 2010, S. 123–139, hier S. 128.

25 ÖStA, MdI, Zl. 7916, 16.10.1917.

26 ÖStA, MdI, Zl. 6124, 18.07.1912; ÖStA, MdI, Zl. 7665, 28.02.1914.

27 Allion Belzer Scardino: *Women and the Great War: Femininity under Fire in Italy*. Basingstoke: Palgrave Macmillan 2010, S. 26.

28 Josef Ehmer: *Soziale Traditionen in Zeiten des Wandels: Arbeiter und Handwerker im 19. Jahrhundert*. Frankfurt am Main: Campus 1994, S. 200.

29 Reinhard Sieder: Vata, derf i aufstehen? Kindheitserfahrungen in Wiener Arbeiterfamilien um 1900. In: Hubert Ch. Ehalt / Gernot Heiß / Hannes Stekl (Hrsg.): *Glücklich ist, wer vergißt... ? Das andere Wien um 1900*. Wien / Köln / Graz: Böhlau 1986, S. 39–89, hier S. 48.

in der Landwirtschaft als eine Bewältigungsstrategie gegen Armut und Hunger in den Bauernfamilien verstanden werden. Die Lebensbedingungen der bäuerlichen Bevölkerung konnten dadurch aber nur sehr eingeschränkt und in vielen Fällen gar nicht verbessert werden, wie der Nationalökonom Hermann von Schullern zu Schrattenhofen um die Jahrhundertwende im Zuge seiner Inspektionsreise zur Erhebung der Lebensumstände der Kolonen im Küstenland und Dalmatien feststellen musste:

> Auf einem Hügel ein elendes Häuschen; eine abgemagerte, bleiche Frau mit halbverhungertem Kinde von gelber Hautfarbe, ein junger abgearbeiteter Mann, ängstlich, mißtrauisch und durch sein Elend abgestumpft … durch offene Darlegung der Verhältnisse, vielleicht auch noch das jämmerliche Brot zu verlieren, das er, sein Vater und sein Bruder sich mit härtester Arbeit zu erwerben gewohnt sind.[30]

Die Bevölkerung reagierte auf die kargen Lebensbedingungen mit einer intensiveren Wanderbewegung in Form von Arbeitsmigration in küstenländische Städte und Überseeemigration.[31] In vielen europäischen Ländern waren im 19. Jahrhundert ähnliche Reaktionen der Unterschichten auf Missernten und Wirtschaftskrisen zu beobachten, die mittelfristige Konsequenzen auf die Bevölkerungsentwicklung und den Lebensstandard hatten.[32] Im Küstenland reduzierte sich die landwirtschaftliche Bevölkerung von 1890 bis 1910 um 11 % und die Kategorie *Bauer* existierte in bestimmten Regionen wie Muggia (Istrien) im Jahr 1907 überhaupt nicht mehr.[33] Dieser

30 Schullern-Schrattenhof: *Kolonat*, S. 5.

31 Warscher: *Der Bauer ist das, was man mit Gewalt aus ihm machte*, S. 97; Birgit Leuchtenmüller-Bolognese: *Bevölkerungsentwicklung und Bevölkerungspolitik im gesellschaftlichen Wandel seit Mitte des 18. Jahrhunderts.* Habilitation, Universität Wien 1986, S. 134; Marina Cattaruzza: Die Migration nach Triest von der Mitte des 19. Jahrhunderts bis zum Ersten Weltkrieg. In: Ferenc Glatz / Ralph Melville (Hrsg.): *Gesellschaft, Politik und Verwaltung in der Habsburgermonarchie 1830–1918.* Stuttgart: Steiner 1987, S. 274–304, hier S. 285, 292; Aleksej Kalc: Migration Movements in Goriška in the Time of Aleksandrinke. In: Mirjam Hladnik Milharčič (Hrsg.): *From Slovenia to Egypt. Aleksandrinke's Trans-Mediterranean Domestic Workers' Migration and National Imagination.* Göttingen: V&R unipress 2015, S. 49–72.

32 Cormac O'Grada / Kevin H. O'Rourke: Migration as Disaster Relief: Lessons from the Great Irish Famine. In: *European Review of Economic History* 1,1 (1997), S. 3–25; Martin Dribe: Demand and Supply Factors in the Fertility Transition: a County-level Analysis of Age-specific Marital Fertility in Sweden, 1880–1930. In: *European Review of Economic History* 13,1 (2009), S. 65–94.

33 Alfred Hoffmann / Roman Sandgruber: *Wirtschafts- und Sozialstatistik Österreich-Ungarns. 2. Österreichische Agrarstatistik 1750–1918.* München: Oldenbourg / Wien: Verlag für Geschichte und Politik 1978, S. 222; Andreas Moritsch: *Das nahe Triester*

Arbeitskräftemangel wiederum hatte entsprechende Folgen für die Wirtschaftsleistung. So mussten ab 1911 die Salzfelder ihre Produktion einstellen und die Weinlese in Istrien war nur mehr unter Schwierigkeiten möglich.[34]

> Die Landwirtschaft hat sich vom Schlimmen ins Katastrophale gewandelt; die Zahl der Auswanderer erhöht sich besorgniserregend und hat ernste Ausmaße angenommen. Die Pellagra lichtet die Reihen jener, die geblieben sind, und sie werden jetzt von Teuerung, Hunger und anderen Miseren heimgesucht, ohne dass sie sich dagegen wehren könnten.[35]

Die landwirtschaftliche Arbeit verrichteten ab der Jahrhundertwende vermehrt Altbauern und Tagelöhner, denen die finanziellen Mittel für die Binnenmigration oder gar Emigration fehlten.[36] Somit variierten offensichtlich Selbsthilfemaßnahmen je nach Budgetlage der Bauern.[37] Jedenfalls führte diese Bewältigungsstrategie der küstenländischen Landbevölkerung zur gesellschaftlichen Umgestaltung. Aus den Bauern wurden mehrheitlich Erwerbs- und Wanderarbeiter, aus den Bäuerinnen Lohnarbeiterinnen und Arbeiterinnen in der Hausindustrie und aus den pensionierten Altbauern wieder Bauern. Dieser Wandel wiederum schwächte die landwirtschaftlichen Produktionskapazitäten, wodurch die Wirtschaftsleistung stagnierte und die Entwicklung eines höheren Lebensstandards im Küstenland gehemmt wurde.[38]

Wiener Hunger

Das Bild des „Backhendl essenden“ Wieners um die Jahrhundertwende gehört paradoxerweise in eine Zeit der Massenarmut und Wirtschaftskrisen.[39] Wiens Aufstieg zur Metropole lag ein Bevölkerungszuwachs um mehr als 45 Prozent zwischen 1890 und 1910

Hinterland: zur wirtschaftlichen und sozialen Entwicklung vom Beginn des 19. Jahrhunderts bis zur Gegenwart. Wien / Graz: Böhlau 1969, S. 20–56, 139.

34 Moritsch: *Das nahe Triester Hinterland*, S. 20–56, 139; ÖStA, MdI, Zl. 15939, 29.01.1914.

35 Eugen Freiherr von Ritter-Zahony: *Le nuove risorse del Friuli Goriziano.* Gorizia: Paternelli 1888, S. 11.

36 Warscher: *Der Bauer ist das, was man mit Gewalt aus ihm machte*, S. 214, 221.

37 Martin Dribe: Dealing with Economic Stress through Migration: Lessons from Nineteenth Century Rural Sweden. In: *European Review of Economic History* 7,3 (2003), S. 271–299.

38 Sandgruber: *Anfänge der Konsumgesellschaft*, S. 10.

39 Hubert Ch. Ehalt: Wien um 1900. Lebenswelten und Diskurse. In: Ders. / Heiß / Stekl (Hrsg.): *Glücklich ist, wer vergißt… ?*, S. 9–13, hier S. 13.

auf über zwei Millionen Einwohner zugrunde, der neben steigenden Geburtenzahlen auch das Resultat einer verstärkten Zuwanderung in erster Linie aus Böhmen und Mähren war.[40] Wien um 1900 war eine Arbeiterstadt mit rund 590.000 Arbeitern und Tagelöhnern, die hauptsächlich in kleingewerblichen Produktionsbetrieben mit höchstens fünf Arbeitern beschäftigt waren.[41] Obgleich einerseits seit den 1880er Jahren sozialpolitische Maßnahmen einen gewissen Arbeiterschutz im Krankheits- und Unfallfall gewährleisteten, andererseits die sozialdemokratische Partei als Arbeiterpartei zum politischen Faktor wurde und Gewerkschaften Regulierungen von Arbeitszeiten und -löhnen errangen, blieb das Leben der Arbeiter vom Kampf ums Überleben und der Organisation des Mangels geprägt.[42]

Das zentrale Problem der Mehrheit der Arbeiter stellte tatsächlich die Beschaffung von primären Subsistenzmitteln, Kost, Kleidung und Quartier, dar.[43] Die These von der Anpassungsfähigkeit[44] der Arbeiter(kinder) wird durch die insgesamt kargen Lebensumstände und Essgewohnheiten des proletarischen Milieus, das billige, einseitige und dürftige Speisen in den Vordergrund rückte, gestützt.[45] Meist beschränkten sich die Nahrungsmittel der unteren Schichten auf Kartoffeln, Brot und Suppen; in den 1880er Jahren scheint der Fleischkonsum bei den Tagelöhnern dann leicht angestiegen zu sein, jedoch limitierte sich dieser auf Pferdefleisch[46] – um Marie Toths Eindruck in ihren lebensgeschichtlichen Aufzeichnungen wiederzugeben: „Fleisch hat es wenig gegeben, wenn dann Pferdefleisch, das war damals billig […] Leberkäs vom Pferd oder Gulasch: das war das höchste für mich."[47]

40 William Hubbard: Der Wachstumsprozess in österreichischen Großstädten 1869–1910. In: *Soziologie und Sozialgeschichte. Aspekte und Probleme* 16 (1972), S. 386–419, hier S. 389; k. k. statistische Central-Commission Wien: *Österreichische Statistik.*

41 Sieder: Vata, derf i aufstehen?, S. 44; Josef Ehmer: Wiener Arbeitswelt um 1900. In: Ehalt / Heiß / Stekl (Hrsg.): *Glücklich ist, wer vergißt… ?*, S. 195–214, hier S. 197.

42 Ehmer: Wiener Arbeitswelt, S. 195; Sieder: Vata, derf i aufstehen?, S. 4.

43 Bolognese: *Bevölkerungsentwicklung*, S. 93.

44 Vgl. die These von Sieder: Vata, derf i aufstehen?, S. 56.

45 Bolognese: *Bevölkerungsentwicklung*, S. 95.

46 Birgit Ströbl: *Die Ernährung der Unterschichten in Wien im Zeitraum 1820 bis 1870.* Dissertation, Universität Wien 1979, S. 69.

47 Marie Toth: *Schwere Zeiten. Aus dem Leben einer Ziegelarbeiterin.* Wien / Köln / Weimar: Böhlau 1992, S. 36.

Die Kinder der ‚einfachen Leute‘ waren um die Jahrhundertwende in den Arbeitsprozess integriert, weniger in Industrie und Gewerbe als vielmehr als Hilfskräfte im privaten Wohnbereich.[48] Die Enge und der Mangel dieses Wohnbereichs wiederum wirkten auf die innerfamiliären Beziehungen und die Sozialisation gleichermaßen. Somit stellten Kinder auch die Hierarchie der Mittelvergabe innerhalb der Familienordnung nicht in Frage. Dem Hauptverdiener stand das meiste Essen zu, das nach unten hin immer karger wurde: „Wenn der Vater vom Dienst nach Haus gekommen ist, hat er die Tür aufgemacht [...] dann hat er gesagt: [...] Essen auf den Tisch! [...]“[49]. „Das Essen war karg und immer zuwenig [sic!]“[50], schreibt auch Toth über diese Zeit, insbesondere da mit dem Arbeitslohn die Lebenshaltungskosten kaum bestritten werden konnten und Gehilfen häufig überhaupt nur in Verpflegung ausbezahlt wurden. Der Lohn erfuhr immer dann eine Verschlechterung, wenn die Geschäfte einbrachen, was in der zweiten Hälfte des 19. Jahrhunderts aufgrund der immer zahlreicher in Schwierigkeiten gekommenen Branchen häufiger wurde.[51] Auch kauften die Ärmsten am teuersten ein, weil sie die kleinsten Mengen der Ware nehmen mussten, wodurch viele von ihnen auf Kredite in Kaufhäusern angewiesen waren. Tatsächlich zahlte ein Arbeiter 1879 um zehn bis zwanzig Prozent mehr für Lebensmittel als ein Bürger.[52] Somit gestaltete sich der Erwerb von Nahrungsmitteln bis zum Ausbruch und während des Ersten Weltkriegs für den Großteil der Arbeiter schwierig. Allfällige Einkommenserhöhungen der Arbeiterfamilien beispielsweise aus temporären Notstandsarbeiten wurden wiederum primär in Nahrung und Trinken investiert und in der Not im Sinne der *Anpassungsfähigkeit* ebenso rasch wieder eingeschränkt.[53] Beschränkungen und Lebensmittelqualität im Kleingewerbe wurden auch im Rahmen der Arbeiterinnenenquete um die Jahrhundertwende kritisiert.[54]

> Wäscherinnen: Wir haben die ganze Kost: Um 6 oder ½ 7 Uhr früh bekommen wir Kaffee. [...] Mittags ist ein Stück Fleisch, Suppe und Zuspeise. Die Kost ist

48 Sieder: Vata, derf i aufstehen?, S. 39.
49 Ebd., S. 53.
50 Toth: *Schwere Zeiten*, S. 17.
51 Sandgruber: *Anfänge der Konsumgesellschaft*, S. 252.
52 Ebd., S. 260–263.
53 Ebd., S. 249; Ströbl: *Ernährung*, S. 67.
54 Sandgruber: *Anfänge der Konsumgesellschaft*, S. 252.

nicht kräftig genug bei der schweren Arbeit. Zur Jause haben wir wieder Kaffee, aber immer ohne Semmel. Das Nachtmahl müssen wir uns selbst kaufen.[55]

Maßnahmen zur Mangel-Überbrückung

Während die Kinder „auf der Gasse" ihren Hunger auf direktem Wege mit Betteln bei Pferdefleischhauern[56] bekämpften, erlebte die Residenzstadt Wien 1911 die ersten Demonstrationen „gegen die Hungerpolitik" der Regierung.[57] Das „Lumpenproletariat" begann, sich gegen Hunger und Verelendung aufzulehnen. Grundsätzlich müssen die Überlebensstrategien der städtischen Arbeiter nach ihrer Genese in zwei Kategorien geteilt werden: jene der Selbsthilfe in Eigeninitiative und jene der Inanspruchnahme von staatlicher und betrieblicher Fürsorge. Erstere umfasste die Untervermietung und die zumeist ledigen Bettgeher, wonach freie Betten im engen Wohnraum an Fremde vermietet wurden. Damit wurde im Sinne einer Doppelstrategie einerseits das Familienbudget erweitert und andererseits die Obdachlosigkeit minimiert. Um die Jahrhundertwende gingen jährlich 60.000 Personen zu „Bett".[58] Wie auf dem Land spielte auch der Zuverdienst der Frauen und Kinder für die städtische Familie eine wesentliche Rolle.[59] Weiters sorgten die in Eigeninitiative der Arbeiterschaft gegründeten Konsumvereine für einen gerechteren Lebensmittelzugang der Arbeiter.[60] Auf staatlicher Ebene richtete sich die Armenfürsorge jedoch nur an Arme mit Heimatrecht, das waren um 1910 55 %.[61] Hierfür waren Armenhäuser ohne Verköstigung, Grundspitäler und Versorgungshäuser mit Verpflegung eingerichtet worden.[62] Vonseiten der Fabriken und Betriebe lieferte zunächst die Gratisspeisung eine Mahlzeit während des Arbeitstags, und später

55 Sandgruber: *Anfänge der Konsumgesellschaft*, S. 253.

56 Sieder: Vata, derf i aufstehen?, S. 46–48.

57 Protest-Versammlungen gegen die Hungerpolitik. In: *Arbeiterzeitung*, 11.09.1911, S. 1.

58 Michael John: Obdachlosigkeit – Massenerscheinung in der Spätgründerzeit. In: Ehalt / Heiß / Stekl (Hrsg.): *Glücklich ist, wer vergißt… ?*, S. 172–194, hier S. 177.

59 Sieder: Vata, derf i aufstehen?, S. 46–47.

60 Bolognese: *Bevölkerungsentwicklung*, S. 94.

61 John: Obdachlosigkeit, S. 172.

62 Hannes Stekl: Armenversorgung im liberalen Wien. In: Herbert Knittler (Hrsg.): *Wirtschafts- und sozialhistorische Beiträge. Festschrift für Alfred Hoffmann zum 75. Geburtstag*. Wien: Verlag für Geschichte und Politik 1979, S. 431–450, hier S. 432–433.

boten die Betriebsküchen günstigere Mahlzeiten als Gasthäuser an.[63] Eine ähnliche Funktion erfüllten auch die Volksküchen.[64]

Zusammenfassung

Dem Hunger geht ein Nahrungsmittelmangel voraus, der in der Regel durch eine zu geringe Nahrungsmittelproduktion ausgelöst wird. Im österreichischen Küstenland brachten ab 1880 zahlreiche Elementarereignisse die Nahrungsmittelproduktion fast zum Erliegen. Somit war auch der Zugang zu Lebensmitteln eingeschränkt. Die These der Begünstigung von ländlichen Regionen im Nahrungsmittelzugang aufgrund der Anbaumöglichkeiten muss folglich mit äußerster Vorsicht angewendet werden. Diese prinzipiell richtige Annahme erfuhr im Küstenland der Habsburgermonarchie im ausgehenden 19. Jahrhundert durch natürliche Faktoren eine Korrektur. Im städtischen Umfeld bestimmten verfügbare Arbeitsplätze und somit Einkommen weitgehend den Lebensmittelzugang, der in der franzisko-josefinischen Ära durch die zweimalige Verdopplung der Mieten und die Teuerungswelle in den letzten Vorkriegsjahren[65] empfindlich eingeschränkt wurde. Es wird also evident, dass der Nahrungsmittelzugang in der Stadt und auf dem Land diversen externen Faktoren unterliegt.

Folglich wäre es tatsächlich zu kurz gegriffen, Hunger als isoliertes Phänomen zu verstehen, vielmehr wird er als Teil von Wirtschaftskrisen, von Krankheiten und von allgemeiner Not immer sozio-ökonomische Korrekturen hervorrufen. So zeigen auch die Parallelen im Überlebenskampf ‚einfacher Leute‘ in den beiden Sample-Gebieten (Wien, Küstenland) aktiv gesetzte Maßnahmen in einer Bandbreite auf, die von der Öffnung des eigenen (engsten) Wohnraums für Fremde bis zum gesellschaftlichen Wandel reicht.

63 Bolognese: *Bevölkerungsentwicklung*, S. 93.

64 Ebd., S. 94.

65 Peter Feldbauer: Die Wohnverhältnisse der Unterschichten im Franzisko-Josefinischen Wien. Thesen und Probleme. In : *Jahrbuch des Vereins für Geschichte der Stadt Wien* 34 (1978), S. 358–389, hier S. 365.

Die Erfahrung von Hunger in der Anorexie
Leibliches Erleben und soziale Kontexte

Isabella Marcinski

Einleitung

In der gegenwärtigen Forschung zur Anorexia nervosa dominieren human- und sozialwissenschaftliche Perspektiven, die sich auf die körperliche und psychische Krankheitssymptomatik konzentrieren. Das subjektive, unmittelbare leibliche Erleben der Betroffenen bildet ein Forschungsdesiderat. Dies hat Auswirkungen auf die Darstellung des Hungers, dessen Bedeutung für die Erfahrung in der Anorexie unterschätzt wird. Anorektikerinnen[1], so die gängige Forschung, spüren keinen Hunger oder aber sie lehnen ihn ab und bekämpfen ihn. Es lässt sich jedoch zeigen, dass das Spüren von Hunger grundlegend ist für die Entstehung und Aufrechterhaltung der anorektischen Symptomatik. An Schilderungen von Betroffenen in autobiographischen Texten kann dargelegt werden, dass der Hunger forciert wird, da er das Erleben einer spürbaren Selbstgewissheit ermöglicht.

Die Erfahrung von Hunger in der Anorexie ist als ein soziales Phänomen zu beschreiben, das konstitutiv an einen sozio-kulturellen Kontext gebunden ist. Ein kurzer Vergleich zum Hungerstreik und Hunger aufgrund von Nahrungsmangel soll dies verdeutlichen.

Die Hungerkrankheit Anorexie

Die Anorexia nervosa tritt vor allem bei jungen, weißen Frauen aus der Mittel- und Oberschicht moderner westlicher Gesellschaften auf. Sie ist durch eine exzessive Selbstaushungerung gekennzeichnet und erhielt ihren Namen, da man Ende des 19. Jahrhunderts davon ausging, bei den Erkrankten liege ein nervös bedingter Appetitverlust vor. Die Psychoanalytikerin Hilde Bruch, die die Anorexie in den 1960er und 70er Jahren durch ihre Bücher bekannt machte, nahm entsprechend an, ihre Patientinnen seien aufgrund einer

1 Die Forschung geht davon aus, dass ca. 90 % der Betroffenen Frauen sind. Daher werde ich im Folgenden die weibliche grammatikalische Form verwenden.

Körperschemastörung gar nicht fähig, körperliche Empfindungen wie Hunger wahrzunehmen.[2]

In der sozial- und humanwissenschaftlichen Forschung zur Anorexie finden sich jedoch vereinzelt auch Hinweise auf eine mögliche Relevanz des Hungererlebens für die Fortdauer der Krankheit. Bruch schildert beispielsweise, dass ihre Patientinnen das Hungern durchaus genossen hätten, und widerspricht sich damit selbst.[3] Hans Willenberg und Helmut Thomä, ebenfalls Psychoanalytiker, verweisen sogar auf ein besonders sensibles Spüren von inneren Regungen wie dem Hunger. Anders ließe sich nicht erklären, warum Anorektikerinnen jahrelang einen kritischen Zustand aufrechterhalten können, bei dem sie auf der Grenze zum Verhungern balancieren.[4] Neben Joan Jacobs Brumberg, die die Anorexie in ihrer historischen Darstellung als eine „Hungersucht"[5] charakterisiert, ist schließlich noch Susan Bordo zu nennen, die in ihrer feministischen Analyse betont, dass Anorektikerinnen vom Hunger wie besessen seien, was von der Forschung jedoch noch zu wenig thematisiert werde.[6] Die vorliegende Beschreibung der Anorexie als eine „Hungerkrankheit"[7], bei der das Spüren von Hunger grundlegend ist, möchte diese Lücke schließen.[8]

Aus philosophischer Perspektive lassen sich die charakteristischen Erfahrungen von Hunger mit der Leibphänomenologie von Hermann Schmitz beschreiben. Als leiblich charakterisiert Schmitz all dasjenige, was unabhängig von den fünf Sinnen, vor allem dem Seh- und Tastsinn, in der Gegend des eigenen Körpers gespürt wird. Seit

2 Vgl. Hilde Bruch: *Der goldene Käfig. Das Rätsel der Magersucht.* Frankfurt am Main: Fischer 1986.

3 Vgl. ebd., S. 22–23.

4 Vgl. Helmut Thomä: *Anorexia nervosa. Geschichte, Klinik und Theorien der Pubertätsmagersucht.* Bern: Huber 1961, S. 126; Hans Willenberg: „Mit Leib und Seel' und Mund und Händen". Der Umgang mit der Nahrung, dem Körper und seinen Funktionen bei Patienten mit Anorexia nervosa und Bulimia nervosa. In: Mathias Hirsch (Hrsg.): *Der Körper als Objekt. Zur Psychodynamik selbstdestruktiven Körperagierens.* Berlin: Springer 1989, S. 170–220, hier S. 210.

5 Joan Jacobs Brumberg: *Todeshunger. Die Geschichte der Anorexia nervosa vom Mittelalter bis heute.* Frankfurt am Main: Campus 1994, S. 43.

6 Vgl. Susan Bordo: *Unbearable Weight. Feminism, Western Culture, and the Body.* Berkeley: University of California Press 1995, S. 146.

7 Annika Fechner: *Hungrige Zeiten. Überleben mit Magersucht und Bulimie.* München: Beck 2007, S. 57. Annika Fechner bezeichnet die Anorexie entsprechend in dem autobiographischen Bericht über ihre Krankheit.

8 Vgl. ausführlich Isabella Marcinski: *Anorexie – Phänomenologische Betrachtung einer Essstörung.* Freiburg: Alber 2014.

1965 hat Schmitz die Anorexie immer wieder geradezu paradigmatisch als eine Krankheit beschrieben, die durch Veränderungen des leiblichen Erlebens geprägt ist. Hunger und Ekel dominieren demnach das Befinden in der Anorexie.[9] Der Hunger sei durch ein Überwiegen der Enge und der protopathischen Tendenz charakterisiert, die in Konflikt stehen. Während die Enge den Leib zusammenzieht, versteht Schmitz das Protopathische als eine Neigung des leiblichen Erlebens ins Diffuse und Verschwommene. Ihr Konflikt bewirkt eine Zerstreutheit und Nervosität, die zu der typischen Hyperaktivität in der Anorexie führen. Im Sport versuchen die Betroffenen, wie sich an Erfahrungsberichten zeigen lässt, den Konflikt aufzulösen und ein Gleichgewicht wieder herbeizuführen.[10]

Problematisch ist allerdings, dass Schmitz historische und soziokulturelle Kontexte nur ungenügend reflektiert und in seine Beschreibung der Phänomene einbezieht. Diese Kontexte sind aber gerade für die Betrachtung der Anorexie zentral, ist sie doch gebunden an kulturell und historisch ganz spezifische Körper- und Selbstpraktiken sowie wissenschaftliche und gesellschaftliche Diskurse zu Essstörungen. Die leibphänomenologische Analyse hat diese, das Erleben und Erzählen prägenden soziokulturellen Kontexte zu reflektieren. Diese Dimension soll im Folgenden einbezogen werden.

Seit den 1980er Jahren schreiben Betroffene in Westeuropa und Nordamerika über ihre Anorexie autobiographische Bücher, in denen das intensive Spüren von Hunger viel Raum einnimmt. Der Hunger wird als ein ganzheitliches „Lebensgefühl“[11] charakterisiert, als Halt, Lebenssinn und -zweck. Marya Hornbacher resümiert, dass sie sich in der Anorexie nur noch auf das Spüren des Hungers konzentriert habe: „Ich erforschte das Ausmaß des Hungers. Der Hunger war mein Ziel, mein Daseinsgrund.“[12] Maria Erlenberger konstatiert, dass der Hunger das für sie dominante Gefühl wurde: „Ich hatte ein Gefühl. Das Hungergefühl.“[13] Sie gab sich dem Hunger hin und konnte irgendwann nicht mehr ohne ihn sein: „Der Hunger wurde

9 Vgl. Hermann Schmitz: *System der Philosophie*, Bd. 2, Teil 1: Der Leib. Bonn: Bouvier 1965, S. 263–268. Der Ekel betrifft den eigenen und andere Körper sowie Nahrungsmittel. Ich konzentriere mich im Folgenden auf den Hunger.

10 Vgl. Marcinski: *Anorexie*, S. 105–106.

11 Maria Erlenberger: *Der Hunger nach Wahnsinn. Ein Bericht.* Reinbek: Rowohlt 1980, S. 137.

12 Marya Hornbacher: *Alice im Hungerland. Leben mit Bulimie und Magersucht. Eine Autobiographie.* Berlin: Ullstein 2010, S. 280.

13 Erlenberger: *Der Hunger nach Wahnsinn*, S. 119.

mein Gefährte. [...] Er war mein Begleiter an jedem Tag. Ich tat alles, daß er mich nicht verließ, ich hätte ihn sonst vermisst."[14]
Die Betroffenen forcieren mittels spezifischer körperdisziplinierender Praktiken die Erfahrung von Hunger, um ihren Leib und damit sich selbst intensiv zu spüren. Neben Fasten zählt das aufwendige und restriktive Essenszeremoniell zu diesen Praktiken, die in der Anorexie eine große Bedeutung erhalten. Die Konzentration auf das Essen – die Tätigkeit, der Geschmack, die Konsistenz und das Zusammenspiel des Mundes mit der Nahrung – konstituiert eine besondere Sensibilität des eigenleiblichen Erlebens.
Charakteristisch für die Anorexie sind Erlebnisse der Schwerelosigkeit und der Ekstase, die auf den massiven Hunger im exzessiven und lang anhaltenden Fasten zurückgeführt werden können. Diese Erfahrungen werden in der bisherigen Forschung und von Betroffenen als Loslösung vom Körper und ein damit einhergehendes Erleben von Autonomie gedeutet. Das typische Hochgefühl wird aber auch biomedizinisch mit der Ausschüttung von Endorphinen beim Fasten erklärt.[15] Schmitz bezeichnet diese Erlebnisse als privative Weitung. Üblicherweise sei das leibliche Spüren charakterisiert durch ein Zusammenspiel von Enge und Weite. Der Hunger lässt jedoch die Enge dominieren, die im starken Hunger so massiv werden kann, dass sich Enge und Weite teilweise voneinander lösen. Die sich dabei ereignende privative Weitung wird als eine Befreiung von der Enge und daher als erleichternd bis hin zur Schwerelosigkeit erlebt.
Fechner beschreibt ein Gefühl des Schwebens, das für solche Erfahrungen privativer Weitung kennzeichnend ist. Es sei wie ein „Hinweggleiten, das Herausrutschen aus meiner Umwelt, aus der Realität".[16] Lena S. berichtet von einer Leichtigkeit im Hunger, von der sie nicht mehr lassen konnte:

> Dieses Gefühl, dieser Moment ist es wert, ist alle Mühe wert. Du bist auf dem richtigen Weg, du alleine, und du fühlst dich, als müsstest du ewig so weitermachen, als wolltest du ewig so weitermachen, um die Schwerkraft völlig zu verlieren, um immer dieses Gefühl der Schwerelosigkeit zu fühlen, das dich berauscht wie nichts anderes berauschen kann. Du schaust in den Himmel und gehst darin auf, bist eins damit.[17]

14 Ebd., S. 73.
15 Vgl. Fechner: *Hungrige Zeiten*, S. 22–23.
16 Ebd., S. 279.
17 Lena S.: *Auf Stelzen gehen. Geschichte einer Magersucht.* Bonn: Balance 2006, S. 39.

In den autobiographischen Berichten sprechen die Betroffenen von einem „rauschartigen Erlebnis“[18], das sie erfüllte, in dem sie sich verloren und das sie mit Beschreibungen von MystikerInnen, Hungerstreikenden und Drogenrausch vergleichen:

> Warum preisen wohl Mystiker die euphorischen Zustände des Fastens? Wenn man nichts ißt, fühlt man sich nach einiger Zeit wirklich wie auf Wolken. Es ist, als ob man ‚high‘ wäre, ohne Drogen zu brauchen, und den ‚Trip‘ zieht man aus der eigenen Fähigkeit, die Erdenschwere zu überwinden.[19]

Neben diesen ekstatischen Erlebnissen eröffnet die Anorexie den jungen Frauen also die Möglichkeit, sich selbst ganz intensiv zu spüren, und erfüllt so die Funktion einer Selbstvergewisserung. Das Hungern wird zum Medium eines Selbstbezugs und damit zu einer Technologie des Selbst im Sinne Michel Foucaults.[20] Der Soziologe Robert Gugutzer hat das Hungern in Anlehnung an Schmitz daher als eine Grenzerfahrung beschrieben. Sie erschüttert zwar das leibliche Gleichgewicht, macht jedoch als spürbare Enge, die die Betroffenen auf den Leib zurückwirft, eine Selbstgewissheit erlebbar.[21] Die Anorexie verweist somit schließlich auf die Bedeutung des leiblichen Spürens für einen grundlegenden Selbstbezug.

Der Hunger ermöglicht den Betroffenen die Erfahrung, *dass* sie existieren, und wird so zur notwendigen Überlebensbedingung. Erlenberger hält fest: „Ich lebte vom Hunger, wie andere Menschen vom Essen leben.“[22] An anderer Stelle schreibt sie über den Hunger: „[E]r ist ich“[23], und führt aus: „Das Hungern war zu meiner Person geworden.“[24] Neben dem Hunger führen auch Schmerz, Ekel und das ständige Frieren zu einem besonders intensiven Erleben.[25] Die

18 Erlenberger: *Der Hunger nach Wahnsinn*, S. 75.

19 Karen Margolis: *Die Knochen zeigen. Über die Sucht zu Hungern.* Berlin: Rotbuch 1985, S. 91. Vgl. auch Fechner: *Hungrige Zeiten*, S. 22–23; Sheila MacLeod: *Hungern, meine einzige Waffe. Ein autobiographischer Bericht über die Magersucht.* München: Droemer Knaur 1983, S. 110.

20 Vgl. Michel Foucault: Technologien des Selbst. In: Ders. / Huck Gutman / Patrick Hutton / Luther H. Martin (Hrsg.): *Technologien des Selbst.* Frankfurt am Main: Fischer 1993, S. 24–61.

21 Vgl. Robert Gugutzer: Der Körper als Identitätsmedium: Essstörungen. In: Markus Schroer (Hrsg.): *Soziologie des Körpers.* Frankfurt am Main: Suhrkamp 2005, S. 323–355.

22 Erlenberger: *Der Hunger nach Wahnsinn*, S. 168.

23 Ebd., S. 66.

24 Ebd., S. 74.

25 Vgl. Marcinski: *Anorexie.*

Autorinnen berichten, damals stets in der Gegenwart gelebt und sich besonders lebendig gefühlt zu haben. Erlenberger schildert, sie habe sich schließlich im Spüren verloren: „Ich spürte, ich spürte so sehr.“[26]

Die Erfahrungsberichte zeigen, dass bei der Anorexie das Spüren ins Zentrum des Erlebens tritt. Über die anorektischen Körperpraktiken des Fastens und Diäthaltens versuchen die Betroffenen, spezifische leibliche Erfahrungen zu forcieren und aufrechtzuerhalten. Die leibphänomenologische Betrachtung weist damit nach, dass die Anorexie gerade nicht durch eine Vergeistigung und Entkörperung geprägt ist, sondern vielmehr als eine „hemmungslose Leibesinnigkeit“[27] beschrieben werden kann.

Hunger als universelles oder soziales Phänomen?

Kulturwissenschaftliche und historische Analysen weisen darauf hin, dass dem Hunger sozio-kulturell sehr heterogene Bedeutungen zukommen und er daher auch unterschiedlich erlebt werden kann. Der Hunger aufgrund von Nahrungsmangel gehe etwa, anders als bei Essstörungen, mit apathischen und lähmenden Zuständen einher.[28] Die Erfahrung von Hunger wäre damit als ein soziales Phänomen zu beschreiben, bei dem die konstitutiven Diskurse prägend sind für die charakteristischen Techniken des Umgangs mit sowie die Stellungnahme zum Hunger. Es macht schließlich einen Unterschied, ob der Hunger als Widerfahrnis erlebt wird, dem die Betroffenen sich ausgeliefert fühlen, oder aber als willentlich herbeigeführte Selbstaushungerung.

Die psychiatrischen und psychotherapeutischen Forschungen zur Anorexie erklären die verschiedenen Kontexte für irrelevant, denn Hunger habe immer ähnliche körperliche und psychische Auswirkungen. Die Leibphänomenologie von Schmitz begreift den Hunger ebenfalls als stets gleich spürbar und berücksichtigt lediglich graduelle Unterschiede. Als Beispiele zur Stützung einer prinzipiellen Universalität von Hungererfahrungen werden Hungersnöte, Kriegserfahrungen, freiwilliges Fasten und das Minnesota-Experiment

26 Erlenberger: *Der Hunger nach Wahnsinn*, S. 12.

27 Schmitz: *System der Philosophie*, S. 332. Schmitz bezieht sich hier auf die Askese.

28 Vgl. Maud Ellmann: *Die Hungerkünstler. Hungern, Schreiben, Gefangenschaft.* Stuttgart: Reclam 1994; James Vernon: *Hunger: A Modern History.* Cambridge: Harvard UP 2007.

herangezogen.[29] Auf Letzteres beziehen sich auch die Autorinnen der autobiographischen Berichte zur Anorexie wiederholt und stellen Ähnlichkeiten zu ihrer Anorexie fest:

> Die Minnesotastudie [...] hat bewiesen, dass ab einem bestimmten Grad der Unterernährung physiologische Prozesse einsetzen, die sich über den Verstand nicht mehr bestimmen lassen. Dabei ist es egal, ob man aus psychischen Gründen an Anorexia nervosa erkrankt oder sich in einem Katastrophengebiet befindet, in dem es keine Nahrung gibt.[30]

Hilde Bruch schildert, dass Hunger auf ganz charakteristische Weise das Denken, Fühlen und Verhalten verändere und viele scheinbar anorektische Symptome letztlich darauf zurückzuführen seien. Hierzu zählt sie unter anderem die intensive Beschäftigung mit Essen, die zwanghaften Rituale der Nahrungsaufnahme, eine Intensivierung der Sinneswahrnehmung und soziale Isolation.[31]

Die Hyperaktivität jedoch, die sich in Form von Rastlosigkeit, starker Unruhe und Bewegungsdrang äußert, wird in der gängigen Forschung als ein allein für die Anorexie charakteristisches Verhalten beschrieben. Der Historikerin Brumberg zufolge ist die Hyperaktivität in ihrer heute bekannten Form, also in Verbindung mit exzessivem Sport, sogar erst seit Einsetzen des Fitnesskultes in den 1970er Jahren zu beobachten.[32] Dies deckt sich mit transkulturellen Untersuchungen, nach denen sich lange keine für die Anorexie typische Hyperaktivität bei Patientinnen in Hong Kong beobachten ließ.[33] Schon Charles Lasègue, der die Anorexie 1873/74 als eine klinische Entität einführte,

29 Vgl. Mara Selvini Palazzoli: *Magersucht. Von der Behandlung einzelner zur Familientherapie.* Stuttgart: Klett-Cotta 1989, S. 39; Thomä: *Anorexia nervosa*, S. 31–32. Das Minnesota-Experiment wurde 1944/45 an der Universität von Minnesota an jungen Männern durchgeführt. Es sollte angesichts des Zweiten Weltkriegs Hinweise über die körperlichen und psychischen Auswirkungen von Mangelernährung liefern. Vgl. Josef Brozek / Austin Henschel / Ancel Keys / Henry Longstreet Taylor: *The Biology of Human Starvation.* Minneapolis: University of Minnesota Press 1950. Die Autoren der Studie ziehen selbst Parallelen zur Anorexie, vgl. ebd., S. 966–973.

30 Fechner: *Hungrige Zeiten*, S. 28; Hornbacher: *Alice im Hungerland*, S. 207.

31 Vgl. Bruch: *Der goldene Käfig*, S. 26–28. Der nigerianische Nobelpreisträger für Literatur Wole Soyinka beschreibt eindrücklich die Intensivierung der Sinneseindrücke und Zustände der Schwerelosigkeit während seines Hungerstreiks im Gefängnis. Vgl. Wole Soyinka: *Der Mann ist tot. Aufzeichnungen aus dem Gefängnis.* Frankfurt am Main: Fischer 1991, S. 327–328.

32 Vgl. Brumberg: *Todeshunger*, S. 251–252.

33 Vgl. Sing Lee: Self-Starvation in Context: Towards a Culturally Sensitive Understanding of Anorexia Nervosa. In: *Social Science and Medicine. An International Journal* 41,1 (1995), S. 25–36.

bemerkte, dass sich die Unruhe, die er bei seinen Patientinnen beobachtete, bei Formen des erzwungenen Hungerns nicht finden lasse.[34] In einer Notsituation wird auf Unterernährung mit Apathie und Kraftlosigkeit reagiert. Sheila MacLeod hält in ihrem autobiographischen Text daher fest, dass sie sich sehr aktiv gefühlt habe und die lähmende Wirkung von Hunger scheinbar nur auftrete, wenn er unfreiwillig erlebt wird.[35] Allerdings wird auch im Hungerstreik nicht von Hyperaktivität berichtet, so dass diese lediglich für das Erleben des Hungers in der Anorexie charakteristisch scheint.

Der Hungerstreik ist wie die Anorexie im Wesentlichen ein Phänomen des 20. Jahrhunderts. Er tauchte zum ersten Mal in den 1870er Jahren im zaristischen Russland auf, wo er von den Narodniki eingesetzt wurde, um ihre Haftbedingungen zu verbessern. Die britischen Suffragetten haben den Hungerstreik dann in ihrem Kampf um das Wahlrecht aufgegriffen und durch ihre Aktionen und die mediale Aufmerksamkeit transnational bekannt gemacht, so dass er anschließend in unterschiedlichen Kontexten eingesetzt wurde, beispielsweise prominent von irischen Nationalisten, Mahatma Gandhi und der RAF.[36] Im Hungerstreik fungiert der willentliche Hunger als eine Technologie des Selbst, bei der die Subjekte sich als unterdrückt, aber widerständig konstituieren.[37] Der Hungerstreik unterscheidet

34 Vgl. Ron van Deth / Rolf Meermann / Walter Vandereycken: *Wundermädchen, Hungerkünstler, Magersucht. Eine Kulturgeschichte der Ess-Störungen*. Weinheim: Beltz 2003, S. 205. Die Autoren mutmaßen, dass Lasègue diesen Unterschied beobachten konnte, da er das Verhalten seiner Patientinnen mit demjenigen der hungernden EinwohnerInnen von Paris während der deutschen Besatzung 1870/71 vergleichen konnte.

35 Vgl. MacLeod: *Hungern, meine einzige Waffe*, S. 22, 110.

36 Vgl. Kevin Grant: British Suffragettes and the Russian Method of Hunger Strike. In: *Comparative Studies in Society and History* 53,1 (2011), S. 113–143.

37 Feministische Autorinnen sahen vor allem in den 1980er Jahren in der Anorexie eine ähnliche Selbstermächtigung und auch Betroffene formulierten zu dieser Zeit ein politisches Verständnis ihrer Essstörung, indem sie diese als Hungerstreik gegen das Patriarchat beschrieben. Vgl. MacLeod: *Hungern, meine einzige Waffe*; Margolis: *Die Knochen zeigen*; Susie Orbach: *Hungerstreik. Ursachen der Magersucht. Neue Wege zur Heilung*. München: Econ 1991. Ab den 1990er und vor allem den 2000er Jahren findet bei den Betroffenen eine zunehmend positive Identifikation mit dem Krankheitsverständnis statt, die für die Texte in den 1980er Jahren noch undenkbar war. Marcel Streng beschreibt in einem Aufsatz ebenfalls diese Politisierung der Anorexie in den 1980er Jahren, die sowohl die Hochzeit des Hungerstreiks wie der Anorexie bildeten. Vgl. Marcel Streng: „Hungerstreik". Eine politische Subjektivierungspraxis zwischen „Freitod" und „Überlebenskunst" (Westdeutschland, 1970–1990). In: Jens Elberfeld / Marcus Otto (Hrsg.): *Das schöne Selbst. Zur Genealogie des modernen Subjekts zwischen Ethik und Ästhetik*. Bielefeld: Transcript 2009, S. 333–365.

sich von der Anorexie und dem Hunger aufgrund von Nahrungsmangel schließlich darin, dass hier jegliche Nahrungsaufnahme eingestellt wird. Allein dieser Umstand wirkt sich auf das Hungererleben aus. Während in der Anorexie und bei Nahrungsmangel der Hunger ständig präsent ist, berichten Hungerstreikende von einem zu Beginn starken Hunger, der nach einigen Tagen nachlässt und oft sogar verschwindet.[38]

Es ist also davon auszugehen, dass die Hungererfahrung sehr unterschiedlich gestaltet sein kann und konstitutiv geprägt ist durch die sozio-kulturellen Kontexte, in denen der Hunger erlebt wird, sowie die Praxen, in denen er kultiviert wird. Eine noch ausstehende Phänomenologie des Hungers hätte daher soziale, kulturelle, mediale und historische Faktoren systematisch in die Beschreibungen des leiblichen Erlebens einzubeziehen.

38 Vgl. Frank Gallagher: *Days of Fear. Diary of a 1920s Hunger Striker.* Cork: Mercier 2008, S. 75; Emmeline Pankhurst: *My Own Story.* London: Nash 1914, S. 153.

Rolf Bier

Absorbing Wall, 2009 – Margarine auf Kalksandstein, ∅ 220 cm | *Beleuchtet beleuchtend*, 2006 – Einhundert Meter Klebeband, Geld, Glühbirne | *Chosen from A Pile*, 2003 – Fotografie, 26 x 34 cm | *Food City*, 1996 – Lebensmittel in Originalverpackungen, schwarzer Lack, 32 x 230 x 140 cm | *Haus und Hof (NY)*, 2004 – Collage aus Preislabeln eingekaufter Waren, 21 x 29 cm | *High noon*, 2002 – Fotografie, 55 x 85 cm | *Warme Ecke (Möhringen)*, 2013 – Margarine auf Euro-Paletten, 153 x 500 x 15 cm

GROCERY
99-¢
$2.59
1.49
TOTAL $ PRICE
$16.95
$24.95
$$ 2.69
3.99
TOTAL $ PRICE
GROCERY
0.45
299¢
$39.50
Healthy Pleasures
212-431-7434
GOURMET GARAGE
$ 2.99¢
$7.00
2.70
3.99
TOTAL $ PRICE
GROCERY
289¢
GROCERY
59¢
6.99
269¢
$18.00
GG. RETAIL
$15.00
999
$65.00
$ 5.00
$4.45
+TAX
$ 65.00
$ 3.00
$16.95
$3.95
GOURMET GARAGE
$ 999
GROCERY
$119
4.00
TOTAL PRICE
$19.50
10.97
LIFETHYME
(212) 420-9099
$11.95
$$ 5.29
Value
$29.00
Century 21
Cooper-
$1.99¢
GEN. MDSE.
$ .99
+TAX
Our Price
$15.97
$5.95
29.92
GOURMET GARAGE
GROCERY
$8.95
1.99¢
$29.00
1104
999
$8.95
Healthy Pleasures
$$ 2.69
$1.29
GOURMET GARAGE
$ 2.99
GROCERY
GROCERY
GROCERY
139¢
$139¢
329¢
FOR
6.99
GROCERY
$ 59¢
DAIRY
99¢
FOR
6.99
0.77
TOTAL $ PRICE
$1.49
GROCERY
16.00 CA
189¢
$ 8.00
$1.99
$ .99
+TAX

GROCERY
69¢
FOR 6.99
GROCERY
$ 59¢
$1.29
VALUE
$200.00
OUR PRICE
$69.97
3.25
TOTAL $ PRICE
FOR 6.99
PLANTS $3.99
0 00000 02971
$2.99 +TAX
3.99
TOTAL $ PRICE
$ 3.95
GROCERY
$ 59¢¢
GROCERY
129¢
GROCERY
$ 59¢
$ 4.00
$ 2.95
GROCERY
$ 59¢
12.00
$149
$1.29
GOURMET GARAGE
$399
$ 3.00
OCERY
229¢
$18.00
$ 7.95
$15.00
SALE
4999
6.99
OUR PRICE
VALUE $25.0
$19.50
GROCERY
99¢
$ 2.00
$15.00
GROCERY
189¢
GROCERY
339¢
GROCERY
$699
999
$16.00
$19.50
Healthy Pleasures
212-431-7434
$ 5.79
0.74
TOTAL $ PRICE
$2.99 +TAX
$ 5.00
$ 3.95
6.99

20

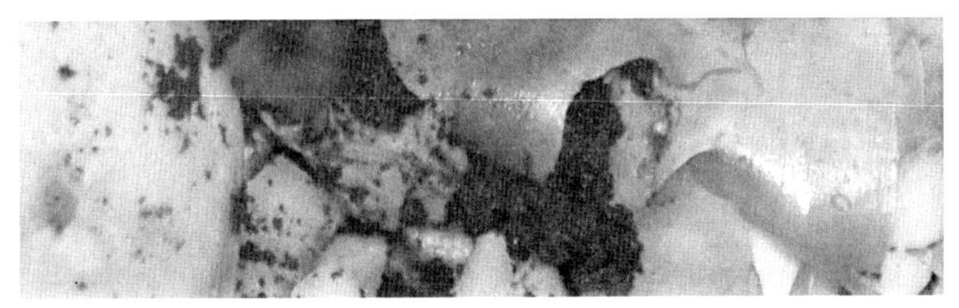

Wider die Sattheit
Elmer Diktonius' Poesie des Hungers

Frederike Felcht

Physiologische Ästhetik, Askese, Sprachkrise und politischer Kampf

> Schöpfung ist Hunger, Sättigung Impotenz.[1]
>
> Weh dem, der sich durch den Abfall des Lebens gesättigt glaubt, der Wörter heißt.[2]
>
> Mein Glaube an, meine Liebe zum kämpfenden Proletariat, nicht das Mitleid eines weichen Herzens für die ‚ungerecht Zertretenen', keine Donquijoterie für Wahrheit und Recht – mein Glaube, meine Liebe zur treibenden Kraft der stärksten Härte: dem Hunger.
> Wir alle Kämpfende wir alle Siegende.
> Mir passt es nicht, im Lager der Besiegten zu stehen.[3]

Diese drei Zitate entstammen der 1921 erschienenen Gedicht- und Aphorismensammlung *Min dikt* (Mein Gedicht) des finnlandschwedischen Dichters Elmer Diktonius. Sie zeigen, welche Bedeutung Diktonius dem Hunger beimaß: Er erkannte in ihm eine gleichermaßen künstlerische wie politische Kraft. Mein Beitrag erkundet Funktionen des Hungers in *Min dikt* sowie Diktonius' Lyriksammlung *Hårda sånger* (Harte Gesänge, 1922) und setzt die Texte in Beziehung zu historischen Erscheinungsformen des Hungers und Repräsentationen desselben in der Literatur.

Ich konzentriere mich damit auf frühe Texte eines Dichters, der eine zentrale Figur des finnlandschwedischen Modernismus ist. Diese Texte zeichnen sich durch eine Spannung aus, die eine jüngere finnlandschwedische Literaturgeschichte als Spannung zwischen einer „intensiven Ich-Zentrierung" und einer „kollektiven Utopie"

1 Elmer Diktonius: *Hård början. Min dikt. Hårda sånger.* Helsinki: Wahlström & Widstrand 1946, S. 72. Alle Übersetzungen aus dem Schwedischen in diesem Aufsatz stammen von mir. Ich danke Jackie Nordström für ihren Rat.

2 Ebd., S. 78.

3 Ebd., S. 82.

charakterisiert.[4] Sie wird in den Texten mit Hunger assoziiert. Damit greifen die Texte ein Phänomen auf, das gleichermaßen eine Technologie des Selbst (im Sinne Michel Foucaults[5]) und eine Erfahrung ist, die laut James Vernon seit Ende des 19. Jahrhunderts zunehmend als gesellschaftliches Problem beschrieben und vor diesem Hintergrund offen für eine Politisierung – beispielsweise in Form von Hungerstreiks – wurde.[6] Bei Diktonius ist Hunger einerseits eine Denkfigur, welche individuelle und gemeinschaftliche Erfahrungen vermittelt, andererseits wird Hunger zum Prinzip künstlerischer Produktion.

Im Sinne der Avantgarde unterschied Diktonius nicht zwischen Kunst und Leben.[7] Zugleich problematisiert einer der Aphorismen in *Min dikt*, dass Kunst keine unmittelbare Tat ist.[8] Dieser fehlenden Unmittelbarkeit wird eine enge Verbindung von Kunst und Körper gegenübergestellt. So setzt das erste Zitat meines Beitrags Schöpfung („skapelse") in Beziehung zu Nahrungsaufnahme und Sexualität. Laut Ingemar Haag entwickeln Diktonius' Texte eine ‚physiologische Ästhetik', welche das Kunstschaffen aus körperlichen Prozessen ableitet. Diese Ästhetik ist von Friedrich Nietzsches Überlegungen zur körperlichen Dimension des Denkens inspiriert.[9] Haag arbeitet

4 Holger Lillqvist: Modernisternas tiotal och tjugotal. In: Clas Zilliacus (Hrsg.): *Finlands svenska litteraturhistoria*, Bd. 2: 1900–tallet. Stockholm: Atlantis 2000, S. 87–99, hier S. 93.

5 Vgl. Michel Foucault: Technologien des Selbst. In: Ders.: *Dits et Ecrits*, Bd. 4. Frankfurt am Main: Suhrkamp 2005, S. 966–999.

6 Vgl. James Vernon: *Hunger. A Modern History*. Cambridge / London: Belknap 2007, S. 1–80. Vernon unterscheidet drei Paradigmen: das religiöse Verständnis von Hunger – Hunger als Teil einer unabänderlichen göttlichen Ordnung; das moralische – Hunger als Folge von Fehlverhalten; und das gesellschaftliche. Sie lassen sich grob dem *ancien régime*, dem Liberalismus und der Sozialdemokratie zuordnen. Vgl. ebd., S. 2–3.

7 Vgl. z. B. Diktonius: *Hård början*, S. 45: „*Alle große Kunst – Leben. / Alles große Leben – Kunst.*" (Kursiv i. O.)

8 Vgl. ebd., S. 59: „Ich schreibe, denn ich bin schwach. / Besser wäre es, mit einer Axt hinaus in die Welt zu gehen und um sich zu hauen."

9 Vgl. Ingemar Haag: Elmer Diktonius och den fysiologiska estetiken. In: *Tidsskrift för litteraturvetenskap* 32,1 (1994), S. 3–14, hier S. 3–4. Zur körperlichen Dimension des Denkens bei Nietzsche vgl. beispielsweise Friedrich Nietzsche: Also sprach Zarathustra I–IV. In: Ders.: *Sämtliche Werke. Kritische Studienausgabe in 15 Einzelbänden*, Bd. 4, hrsg. v. Giorgio Colli / Mazzino Montinari. München: dtv 1988, S. 39–41. Das bei Haag angeführte Zitat, in dem es heißt, Ästhetik sei „ja nichts anderes als eine angewandte Physiologie" findet sich in Friedrich Nietzsche: Nietzsche contra Wagner. In: Ders.: *Sämtliche Werke. Kritische Studienausgabe in 15 Einzelbänden*, Bd. 6, hrsg. v. Giorgio Colli / Mazzino Montinari. München: dtv 1980, S. 413–445, hier S. 418.

heraus, wie sich bei Diktonius eine Dichotomie zwischen positiver und negativer Sexualität mit den – auch künstlerisch zu verstehenden – Polen schöpferischer Potenz und fruchtloser Onanie oder Impotenz um ‚gastronomische' Bilder erweitert. Indem Krankheiten und Verdauungsprozesse in Diktonius' physiologische Ästhetik integriert werden, so Haag, weise diese Ästhetik groteske und parodistische Züge auf, die sich von der klassizistischen Apotheose des Dekorums, der Mimesis und des Idealschönen distanziere. Damit schließt Diktonius an ästhetische Strategien des Expressionismus an.[10]

Einerseits schreibt Diktonius' physiologische Ästhetik sich im Anschluss an Nietzsche also in einen Diskurs ein, der sich von der christlichen Körperverachtung distanziert. Andererseits greift Diktonius' Lob des Hungers[11] asketische Praktiken auf, denen im Christentum große Bedeutung zukam. Diese asketischen Praktiken erfuhren aber im Verlauf des 19. Jahrhunderts eine Säkularisierung. Diese Säkularisierung wies eine Gendercodierung auf: Waren christlich-asketische Praktiken lange Zeit Frauen zugänglich, entwickelte sich mit dem Krankheitsbild der *Anorexia nervosa* Ende des 19. Jahrhunderts eine Tendenz, Nahrungsabstinenz bei Frauen zu pathologisieren.[12] Demgegenüber wurde laut Nina Diezemann

> [f]reiwillige Nahrungsabstinenz [...] bei Männern anders wahrgenommen, ihr Fasten als willentliche Entscheidung gedeutet. Diese geschlechtsspezifische Wahrnehmung der Nahrungsabstinenz und des abgemagerten Körpers ist besonders auffällig bei der medizinischen Verwertung der Darbietungen von ‚Hungerkünstlern' in den 1880er Jahren [...].[13]

Indem der erste zitierte Aphorismus Hungern mit Schöpfung und Sättigung mit Impotenz verbindet, unternimmt *Min dikt* eine vergleichbare Gendercodierung des künstlerischen Schaffens. Andere Aphorismen kontrastieren weibliche Schwangerschaft mit einer künstlerischen oder betonen, dass Kunst und Literatur männlich

10 Vgl. Haag: Elmer Diktonius och den fysiologiska estetiken, hier bes. S. 3–6, 8–9.

11 Vgl. Anders Olsson: Jagets maskspel i Diktonius lyrik. In: Maria Antas / Marit Lindqvist / Agneta Rahikainen (Hrsg.): *Gudsöga, djävulstagg. Diktoniusstudier.* Helsinki: Svenska litteratursällskapet i Finland 2000, S. 65–83, hier S. 69–72.

12 Vgl. Joan Jacobs Brumberg: *Todeshunger. Die Geschichte der Anorexia vom Mittelalter bis heute.* Frankfurt am Main / New York: Campus 1994, S. 97–98; Ron van Deth / Rolf Meermann / Walter Vandereycken: *Hungerkünstler, Fastenwunder, Magersucht. Eine Kulturgeschichte der Eßstörungen.* München: dtv 1992, bes. S. 148–226.

13 Nina Diezemann: *Die Kunst des Hungerns. Anorexie in literarischen und medizinischen Texten um 1900.* Dissertation, Universität Hamburg 2005. http://ediss.sub.uni-hamburg.de/volltexte/2005/2703 (Zugriff am 16.05.2015), S. 97.

seien.[14] Clas Ziliacus erklärt, dass für Diktonius gute Kunst Virilität konnotieren musste.[15] Dieses Kunstideal ist durchaus kritisch zu werten; allerdings gilt es auch festzuhalten, dass Diktonius in einem Artikel über die Lyrikerin Edith Södergran aus dem Jahr 1926 Södergran als Künstler mit dem männlichen Personalpronomen „han" belegt.[16] Künstlerische Männlichkeit ist also nicht unbedingt an das Geschlecht des Verfassers gebunden.

Im Unterschied zur zu Beginn des 20. Jahrhunderts noch verbreiteten Figur des Hungerkünstlers, dessen öffentlich zur Schau gestelltes Hungern zeitlich begrenzt war und (häufig medizinisch) kontrolliert wurde,[17] ist dem hungernden Künstler bei Diktonius aber eine Bewegung der Entgrenzung inhärent, auf die ich im folgenden Teil zurückkommen werde.

Das zweite Eingangszitat entwickelt eine Sprachkritik, die durch die Metapher „livets avfall", Abfall des Lebens, eine ebenso materielle wie metaphysische Verworfenheit anzeigt[18] und die Beziehung zum Körper problematisiert: Sättigung durch Worte wird als Effekt eines Glaubens beschrieben, vor dem in einer Semantik des Schmerzes („Ve dem", Weh dem) gewarnt wird. Nach Marc Anderson ist die Verbindung von Sprachkrise und Körperdiskurs durch die Problematisierung der Nahrungsaufnahme typisch für modernistische Texte wie Hugo von Hofmannsthals *Chandos-Brief* (1902) oder Franz Kafkas *Ein Hungerkünstler* (1922).[19]

Das dritte Zitat eröffnet eine politische Dimension des Hungers. Hunger ist eine Kraft, die nicht nur künstlerisches Schaffen erlaubt,

14 „Die Frauen sind glücklich: sie tragen ihre Kinder nur neun Monate. / Die Künstler sind in den meisten Fällen mehrere Jahre schwanger, und trotzdem wird es fast immer eine Fehlgeburt." (Diktonius: *Hård början*, S. 21); „Eins kann ich den Deutschen niemals verzeihen: dass sie sagen *die* Kunst, *die* Malerei, *die* Litteratur [*die* Kunst, *die* Malerei, *die* Litteratur im Original deutsch, F. F.] / Für mich ist all das ‚der' [„der" im Original deutsch, F. F.]. / In höchstem Grade!" (Ebd., S. 41.)

15 Vgl. Clas Ziliacus: The Roaring Twenties of Elmer Diktonius. A Centenarian as Wonder Boy. In: *Scandinavian Studies* 69,2 (1997), S. 171–188, hier S. 175.

16 Vgl. Elmer Diktonius: Södergran som uppfostrare. In: Ders.: *Meningar. Aforismer. Musik. Kivi och Södergran. Mänskor, böcker, städer, natur*, hrsg. v. Olof Enckell. Stockholm: Tidens 1957, S. 217.

17 Vgl. Diezemann: *Kunst des Hungerns*, S. 103–115.

18 Diese Überlegungen zum Begriff des Abfalls verdanke ich einem Gespräch zwischen Christina Gehrlein und Jochen Hörisch über Christina Gehrleins Dissertationsprojekt zu Abfall und Literatur an der Universität Mannheim.

19 Vgl. Marc Anderson: Anorexia and Modernism, or How I Learned to Diet in All Directions. In: *Discourse* 11,1 (1988–1989), S. 28–41.

sondern zum Kampf antreibt. Die Liebe zum kämpfenden Proletariat wird durch dessen Hunger begründet. Thomas Henrikson und George Schoolfield haben herausgearbeitet, welchen Einfluss der finnische Kommunist Otto Ville Kuusinen mit seinem marxistisch-dialektischen Kunstkonzept auf *Min dikt* hatte.[20] Kuusinen setzte sich im finnischen Bürgerkrieg auf der Seite der ‚Roten' für eine sozialistische finnische Republik ein und war Kommissar für Bildung in der roten Regierung, die jedoch 1918 infolge der militärischen Niederlage die Macht verlor. Daraufhin floh er nach Sowjetrussland, wo er Lenins Vertrauen gewann und zu einem bis zu seinem Tod im Jahre 1964 andauernd einflussreichen Politiker aufstieg.[21] In der Beziehung zu Diktonius ist weniger Kuusinens unmittelbares politisches Engagement als seine ästhetische Theorie relevant. Kuusinen vertrat wie Diktonius die Auffassung, dass Kunst Leben sein müsse, eine fruchtbare Kraft, ein Ausdruck des Inneren, das nicht als Seelisches, sondern Körperliches verstanden wird. Dabei ist Kunst immer an Kampf gebunden, der bei Kuusinen aber eindeutiger als bei Diktonius an ein dialektisches Geschichtsverständnis und die Logik des Klassenkampfs gekoppelt ist.[22] Henrikson erkennt in Diktonius' früher Lyrik einen Konflikt zwischen einem politisch revolutionären und einem literarisch-nietzeanischen Pol[23] und betont, dass sich Diktonius' Radikalismus von Kuusinens durch seine dionysischen Elemente unterscheide.[24]

Die Gemeinschaft der Hungernden

Solche dionysischen Elemente umfasst in Diktonius' Lyrik auch der Hunger. Das Gedicht *Hell dig: hunger!* (Heil dir: Hunger!) aus *Min dikt* ist ein Lobpreis des Hungers, dessen blutige Grausamkeit bis in die

20 Vgl. Thomas Henrikson: Art as a Revolutionary Dionysian Jaguar – Otto Ville Kuusinen, Elmer Diktonius and the Emergence of Avant-Garde Poetry in Finland. In: Hubert van den Berg / Irmeli Hautamäki / Benedikt Hjartarson / Torben Jelsbak / Rikard Schönström / Per Stounbjerg / Dorthe Aagesen / Tania Ørum (Hrsg.): *A Cultural History of the Avant-Garde in the Nordic Countries 1900–1925*. Amsterdam / New York: Rodopi 2012, S. 599–614; George C. Schoolfield: *Elmer Diktonius*. Westport / London: Grenwood 1985, S. 46–54.

21 Vgl. Henrikson: Art as a Revolutionary Dionysian Jaguar, S. 599–601.

22 Vgl. ders.: *Romantik och Marxism. Estetik och politik hos Otto Ville Kuusinen och Diktonius*. Helsingfors: Cavefors 1971, S. 208–227.

23 Vgl. ebd., S. 244.

24 Vgl. Henrikson: Art as a Revolutionary Dionysian Jaguar, S. 608.

Eingeweide vordringt („Dein scharfer Zahn / macht Fleisch unter der gröbsten Schale bluten / der Schlag deiner Peitsche / reicht am tiefsten: die Eingeweide durchstöberst du, / du gierige Hyäne."[25]). „Du vrider oss – vi vrider oss som borrar."[26] („Du drehst uns – wir drehen uns wie Bohrer.") lautet eine unübersetzbare Zeile, in der die Bewegung des Hungers – „vrida" heißt drehen, umdrehen, verrenken oder auswringen – sich auf das Wir überträgt. Daraus ergibt sich eine Aufladung mit Gewalt: „Möge die Härte sich achten – Härteres kommt!", schließt die erste Strophe. Diese Härte wird wie im obigen Aphorismus begrüßt. Der Gruß des Hungers (Heil dir: Hunger!) vom Beginn der ersten Strophe und sein peitschender Schlag werden in der zweiten, zugleich letzten Strophe des Gedichts wieder aufgenommen:

> Heil dir, nur dir!
> Du denkst nicht, du schlägst.
> Wir wimmern, winden uns wie Würmer unter dem Schlag
> aber deine Stiche peitschen uns auf – unserer Kraft –
> Herrgott: *unserer Raserei* kann nichts widerstehen.
> Am härtesten schlagen knochige Arme, am schnellsten gehen
> stolpernde Füße,
> zusammengepresste Zähne
> beißen am tiefsten,
> Verzweiflung
> reicht am höchsten –
> das, das! – lass du das niemals enden! –
> verjage die Sättigung von den Grenzen unserer Horizonte
> grab mit deiner heißen Schnauze deinen Bau in unsere Brust
> zwing ewig
> mit deinem grausamen Stachel
> uns unbarmherzig hin zum Sieg![27]

Als gedankenlose Kraft löst der Hunger einen heiligen Zorn aus („Herrgott: *unserer Raserei*"), der verführerisch um sich greift, den kämpfenden Körper zu Superlativen (härtesten/schnellsten/tiefsten/höchsten) ermächtigt und eine zeitliche Entgrenzung fordert: Ewig soll der Hunger, der sich tiergleich in uns einnistet, zwingen. Der rauschhafte Taumel treibt das im Hunger vereinte Wir aber auf einen Endpunkt zu, der zugleich das Gedicht beschließt: den Sieg. Damit gewinnt der Hunger eine utopische Dimension, in der die Vereinigung eine andere, bessere Zukunft verheißt, in der zugleich

25 Diktonius: *Hård början*, S. 96.

26 Ebd.

27 Diktonius: *Hård början*, S. 96–97.

das Gedicht endet. Das Ende des Hungers ist nicht das Ende der Dichtung: *Min dikt* schließt nicht mit diesem Text, sondern mit einem aus einer Ich-Perspektive formulierten Lob des Lebens, das mit der Zeile endet: „es ist eine Freude zu leben und verwandelt zu werden!“[28] Dieses Lob der zukünftigen Veränderung verbindet das Ich dieses Gedichts mit dem Wir des vorangegangenen.

Mit der Vorstellung einer Gemeinschaft der Hungernden schreibt sich *Hell dig: hunger!* in eine Traditionslinie der finnlandschwedischen Literatur ein. In zwei Gedichten des Nationaldichters Johan Ludvig Runeberg, dem populären *Bonden Paavo* (Der Bauer Paavo, 1830) und *Vårt land* (Unser Land, 1848), das zur finnischen Nationalhymne wurde, sind Hunger und Armut zentrale Charakteristika des Protagonisten bzw. des geliebten Landes.[29] Die Figur des extrem armen, fleißigen, duldsamen und schicksalsergebenen, tiefgläubigen Bauern Paavo, der das zweimalige Fehlschlagen seiner Ernte und den daraus resultierenden Hunger mit stoischer Gelassenheit aufnimmt und, als die Ernte im dritten Jahr gelingt, seinen Ertrag solidarisch mit dem hungernden Nachbarn teilt, wurde als nationales Ideal rezipiert.[30] In *Vårt land* wird die finnische Nation aus einer Leidensgemeinschaft konstruiert, die Krieg und Hunger umfasst. In der letzten Strophe wird die Hoffnung auf eine zukünftige Blüte ausgesprochen. Diese

28 Vgl. ebd., S. 99.

29 Vgl. Johan Ludvig Runeberg: Bonden Paavo. In: Ders.: *Dikter*, hrsg. v. Lars Huldén. Stockholm: Atlantis 1998, S. 83–85; Kerstin Nyqvist / Lars Oljelund / Helena Solstrand / Johan Wrede (Hrsg.): Fänrik Ståls sägner. In: *Samlade Skrifter av Johan Ludvig Runeberg*, Bd. 5, hrsg. v. Gunnar Tideström / Carl-Eric Thors. Helsinki: o.V. 1974, S. 1–4. Im Zusammenhang mit anderen Texten von Diktonius verweist Thomas Henrikson ebenfalls auf die Traditionslinie des *Bonden Paavo* und ihre politische Umdeutung bei Diktonius. Vgl. Thomas Henrikson: *Romantik och Marxism. Estetik och politik hos Otto Wille Kuusinen och Diktonius till och med 1921*. Staffanstorp: Cavefors 1971, S. 29–30. Die hier beschriebene Tradition wird literaturgeschichtlich gebrochen durch Karl August Tavastjernas sozialrealistischen Roman *Hårda tider* (1891), der sich mit seiner kritischen Darstellung des relativ sorglosen Oberklasselebens beim gleichzeitigen Elend der Armen zur Zeit der Hungersnot von 1867/68 gegen die Idealisierung des Hunger bei Runeberg wandte. Vgl. J. O. Tallqvist: Förord. In: Karl August Tavastjerna: *Hårda tider*. Helsinki: Söderström 1961, [ohne Paginierung, S. 5–8, hier S. 6–7]. Ich danke Stephan Michael Schröder für diesen Hinweis. Bei Diktonius wird diese herrschaftskritische Dimension mit der Vorstellung einer proletarischen Kampfgemeinschaft zunächst marxistisch gewendet.

30 Vgl. Erik Ekelund: *Finlands svenska litteratur*, Bd. 2: Från Åbo brand till sekelskiftet. Stockholm: Bonniers 1969, S. 38–39; Johan Wrede: Johan Ludvig Runeberg – klar och gåtfull. In: Ders. (Hrsg.): *Finlands svenska litteraturhistoria*, Bd. 1: 1400–1900. Helsinki / Stockholm: Atlantis 1999, S. 242–263, hier S. 247–248.

Hoffnung kann einerseits als eine Hoffnung auf nationale Eigenständigkeit interpretiert werden (Finnland war bis 1917 ein Teil von Russland), andererseits als Hoffnung auf eine zukünftige Überwindung des Mangels.

Diktonius' Wir unterscheidet sich vom Wir in *Vårt land*, insofern die Gemeinschaft der Hungernden nicht als nationale imaginiert wird. Dass die Konstruktion einer nationalen Identität in den Hintergrund trat, lässt sich aus dem internationalen Entstehungskontext von Avantgarde und kommunistischer Bewegung begründen. So hielt Diktonius sich 1920/21 in Paris und London auf, gehörte zu den vielen Künstlern seiner Generation, die in internationalen, oft mehrsprachigen Literaturzeitschriften veröffentlichten und wurde 1922 mit *Ultra* selbst zum Mitbegründer einer solchen Zeitschrift. Darin erschien auch sein programmatischer Expressionismusartikel, in dem er diesen als gemeinsame Sprache aller Kunstformen und Möglichkeit zur Menschwerdung des Künstlers feierte.[31] Zugleich gilt Diktonius als einer der wenigen politisch radikalen Vertreter des finnlandschwedischen Modernismus.[32]

Die Verbindung von Hunger, Armut und Gemeinschaft teilen Diktonius' Texte mit Runebergs; armutsbedingter Hunger wird aber nicht mehr als Teil einer religiös begründeten natürlichen Ordnung gedeutet. Damit schließen Diktonius' Texte an das gewandelte Verständnis von Hunger an, das Vernon in seiner Geschichte des Hungers beschreibt.[33] Das gemeinschaftsstiftende Potential des Leidens wird bei Diktonius kämpferisch gewendet. *Min dikt* entwirft eine revolutionäre Ästhetik, in der das Proletariat mit dem dritten Eingangszitat als Kampfgemeinschaft verstanden werden kann. Die nationale Identitätsstiftung tritt zugunsten einer Gemeinschaft zurück, in der die Hungererfahrung Künstler und Proletarier zu vereinen scheint. Noch ist die Hoffnung auf eine Verbindung ästhetischer und politischer Revolution spürbar, obgleich die revolutionäre Bewegung in Finnland bereits niedergeschlagen war und Sowjetrussland erhebliche Versorgungsprobleme hatte.

31 Vgl. Elmer Diktonius: Expressionistisk. In: *Ultra och Quosego. Faksimilutgåva*. Helsinki / Stockholm: Svenska litteratursällskapet i Finland / Atlantis 2014, S. 127–128.

32 Vgl. Vesa Haapala / Fredrik Hertzberg / Janna Kantola: The Finland-Swedish Avant-Garde Moments. In: van den Berg / Hautamäki / Hjartarson / Jeslbak / Schönström / Stounbjerg / Aagesen / Ørum (Hrsg.): *A Cultural History of the Avant-Garde in the Nordic Countries 1900–1925*, S. 445–459, hier S. 447.

33 Vgl. Vernon: *Hunger*, S. 2–3.

Mit dem ebenfalls 1921 in der internationalen Zeitschrift *Zenit* erschienenen Gedicht *Världsundret Anno Domini 1921* (Das Weltwunder Anno Domini 1921), das die Hungerhilfe der kapitalistischen Welt für das notleidende Sowjetrussland 1921 behandelt[34] – einer der größten humanitären Hilfseinsätze des 20. Jahrhunderts[35] –, lässt sich der Eindruck einer internationalen und kapitalismuskritisch motivierten Perspektive auf unfreiwilligen Hunger unterstreichen. Dabei wurde Diktonius aber laut Clas Ziliacus aufgrund eines Briefwechsels klar, dass seine Außenperspektive auf die Hungerkatastrophe problematisch war.[36]

Die Philosophie des Hungers

Mit *Hunger i London* (Hunger in London), erschienen 1922 in *Hårda sånger*, legte Diktonius ein Gedicht vor, das zahlreiche motivische Parallelen zu Knut Hamsuns *Sult* (*Hunger*, 1890) aufweist: Ein hungerndes Ich bewegt sich ziellos durch einen Stadtraum, wird dabei von einem Schutzmann vertrieben, begegnet einer wohlhabenderen Frau, die das Ich aufgrund seines Künstlertums interessant findet, Prostitution und Pfandleiher werden benannt. *Hunger i London* zeichnet sich jedoch durch eine sprachliche Knappheit aus, die sich für *Sult* nicht behaupten lässt. Während Hamsuns Ich-Erzähler ein ambivalentes Verhältnis zur Polizei hat, das zwischen Angst und Aufsässigkeit oszilliert, ist das Verhältnis des Ichs zur Polizei in *Hunger i London* ökonomisch abgeklärt:

> I
> Wo soll ich schlafen heute Nacht?
> Der Bobby verjagt von der Bank –
> er meint es nicht böse, sagt er
> aber er hat seinen Lohn.
> Ich meine es auch nicht böse
> aber ich habe keinen Lohn
> und weiß nicht
> wo ich schlafen soll heute Nacht.[37]

34 Vgl. Ziliacus: Roaring Twenties, S. 178–183.

35 Vgl. Daniel R. Maul: Appell an das Gewissen – Fridtjof Nansen und die russische Hungerhilfe 1921–23. In: *Themenportal Europäische Geschichte* (2011). http://www.europa.clio-online.de/2011/Article=519 (Zugriff am 23.05.2015).

36 Vgl. Ziliacus: Roaring Twenties, S. 183–185.

37 Diktonius: *Hård början*, S. 135.

Früh am Morgen begegnet das Ich in der zweiten Strophe Straßenkindern („rännstensungar“[38]) bei Hammersmith und begibt sich, Blätter kauend, nach Kew Gardens und kehrt später, immer noch Blätter kauend, von dort zurück:

> Herrgott wie ist es lang
> vom Morgen des Hungrigen
> zum Abend des Hungernden.[39]

Die Monotonie der Hungererfahrung ist vom Adjektivischen („hungriges“ – des Hungrigen), dem Hinzugefügten, in ein Verbalsubstantiv („hungrandes“ – des Hungernden) übergegangen.[40] Die Hungererfahrung hat sich in den Körper des Hungernden eingeschrieben, verschiebt sich aber in der nächsten Strophe auf einen anderen Körper:

> III
> Haut leuchtet
> durch die Maschen der Seidenstrümpfe
> im Sonnenschein.
> Ich will in Mädchenfüße beißen
> wo der Wadenmuskel
> seine Schwellung beginnt.
> Ich bin hungrig nach Fleisch
> und Frauenfleisch.

Der Hunger wird erweitert um einen erotischen Hunger, der sich über die Seidenstrümpfe mit einer Konsumkultur verbindet, die auf die Erzeugung von Begehren abzielt. Indem sich der erotische Hunger aber im Bild des kannibalischen Verzehrs konkretisiert, gewinnt er zugleich eine komische Dimension.
Die Verbindung von Erotik und Ökonomie wird in der nächsten Strophe explizit, in welcher das Ich eine schöne junge Frau mit schwellenden Körperteilen erwähnt, die er ab und zu im Hyde Park trifft:

> wenn ich ein wenig Geld habe
> und Herr sein kann –
> wir sprechen über das Leben
> und ich versuche, ihr begreiflich zu machen
> die Philosophie des Hungernden –
> aber sie ist jung und schön

38 Diktonius: *Hård början*, S. 136.

39 Ebd.

40 Auf die Verschiebung von „hungriges“ zu „hungrandes“ (ohne Interpretation) weist auch Schoolfield hin. Vgl. Schoolfield: *Elmer Diktonius*, S. 58.

und ihr Onkel hat einen Kaiser gemalt
und sie weiß, dass sie sich eines Tages verkaufen wird
für einen hohen Preis –
sie denkt ich bin wunderlich
verzeiht mir aber
weil ich Künstler bin.[41]

„Herr sein" kann nur, wer Geld hat. Der Wunsch, die Philosophie des Hungernden zu vermitteln, ist zugleich ein Versuch, die soziale Distanz zu überwinden und die Tatsache aufzuwiegen, dass das Ich den Preis für den Genuss der Schönheit nicht bezahlen kann. Die Philosophie des Hungernden ist damit zugleich der Versuch, ein Instrument zum Stillen des erotischen Hungers zu entwickeln. Das rückt ihren philosophischen Gehalt in ein zweifelhaftes Licht.
Was jedoch ist diese Philosophie?

V
Es wäre gut für alle
hungernd auf der Straße zu gehen.
Zu denken: wäre ich Frau
könnte ich meinen Körper verkaufen
sein letztes zum Pfandleiher zu bringen
ahnend: das geht nicht das geht nicht.
Der Rinnstein hat eine Philosophie
klarer als Kants oder Jesuschristus',
eine Liebe – zum Brot,
einen kategorischen Imperativ – den Magen.[42]

Den Hunger verstehen heißt den Hunger erleben, wird an den ersten beiden Zeilen deutlich. Der Rückverweis auf den Rinnstein („rännstenen"), der sich in den „rännstensungar" bereits fand, verbindet diese Philosophie einerseits mit dem Motiv des Kindes, andererseits mit dem Motiv der Armut. Die Philosophie des Rinnsteins kennt nur die Liebe zum Brot und den kategorischen Imperativ des Magens. Sie grenzt sich damit von den großen Idealen einer metaphysisch begründeten Gemeinschaft der Liebenden oder einer einheitlichen Vernunft ab, die mit dem Christentum und Kant verbunden werden. An ihre Stelle tritt aber keine revolutionäre Kampfgemeinschaft mehr, sondern nur ein blätterkauendes, begrenzt attraktives Ich, dessen Philosophie offenbar nicht überzeugt: „sie denkt ich bin wunderlich".

41 Diktonius: *Hård början*, S. 137.
42 Ebd., S. 137–138.

Die Philosophie des Rinnsteins bildet keine reflexive Systematik aus; ihre behauptete Klarheit lässt sich nur auf eine vermeintliche Unmittelbarkeit der Hungererfahrung zurückführen. Indem der Text aber die Philosophie des Hungers zunächst in der Funktion einführt, eine Frau für sich zu gewinnen, und anschließend die Unmöglichkeit imaginiert, den eigenen Körper zu verkaufen, was ebenfalls der Frau vorbehalten scheint, gewinnt diese Philosophie an Ambivalenz. Die Stellung der Körper zum Markt unterscheidet sich so stark, dass eine einheitliche Erfahrung unwahrscheinlich scheint. Dies lässt sich auf die vorgestellte Verbindung zwischen hungerndem Künstler und hungerndem Proletariat übertragen: Der hungernde Künstler ist eben kein hungernder Proletarier, dessen Arbeitskraft in hohem Maße – und auf andere Weise – an den Körper gebunden ist. Die Erfahrung des Hungers unterscheidet sich, weil sich die Beziehung des Körpers zum Markt unterscheidet. Selbst in der Hungererfahrung behält der Dichter die Verfügungsgewalt über seinen Körper. Die Ablehnung der Reflexion geschieht aus einer reflektierten Perspektive.

Thomas Henrikson stellt fest, dass Diktonius sich 1921 zunehmend vom Kommunismus entfernte und setzt dies in Bezug zur Situation in Finnland. Als er von seinem Auslandsaufenthalt zurückkehrte, war Diktonius in Finnland nach dem Sturz der roten Regierung politisch isoliert; schon im Bürgerkrieg war er von den ‚Weißen' eingezogen worden.[43] Die in *Min dikt* vor dem Hintergrund des Austausches mit Kuusinen wahrscheinlich noch vorhandene Hoffnung auf eine Verbindung von ästhetischer und politischer Revolution schien sich angesichts der Entwicklung in Finnland zerschlagen zu haben.

Hunger i London bricht mit der Vorstellung einer Gemeinschaft der Hungernden. Stattdessen tritt das Gedicht in einen intertextuellen Dialog mit Hamsuns *Sult*, einem Schlüsselroman des Modernismus. Diesem an bulimischen, selbstreflexiven Wortschwallen reichen Text,[44] der Hunger als Metapher für einen sozialen, ökonomischen, erotischen, religiösen, psychologischen und physiologischen Mangel entwirft, stellt *Hårda sånger* eine lakonische Knappheit und ironische Brechung der von *Sult* vollzogenen semantischen Aufladung des Hungers gegenüber, indem er Fleisch und Frauenfleisch übergangslos

43 Vgl. Thomas Henrikson: Art as a Revolutionary Dionysian Jaguar, S. 604–605.

44 Vgl. Stefanie von Schnurbein: Sultens økonomi. (A)moral og (av)makt i '*Sult*'. In: Even Arntzen (Hrsg.): *Makt og moral. 7 foredrag fra Hamsun-dagene på Hamarøy 2008*. Hamarøy: Hamsun-selskapet 2008, S. 97–115.

verbindet. An die Stelle des Ekels vorm Essen in *Sult* tritt hier jedoch die Liebe zum Brot. Dieser intertextuelle Bezug wiederum ließe sich durch die ironische Distanznahme zugleich als Abschied von der eingangs genannten intensiven Ich-Zentrierung lesen, weil *Sult* durch seine Erzähltechnik eine solche Ich-Zentrierung exzessiv vollzieht.

In einer späteren Sammlung hält Diktonius 1930 im Gedicht *Hungern (Der Hunger)* fest: „Er [der Hunger] ging lange an meiner Seite, / dann [sen] sagten wir Lebewohl [farväl]; aber ich vergesse nicht. / Er war die größte Liebe meiner Jugend."[45] Damit wird die Bedeutung des Hungers für das Frühwerk ebenso unterstrichen wie deren Überwindung. Wenn es eine Kontinuität in Diktonius' Poesie des Hungers gibt, dann ist es die umstürzende Neuerung, die auch die eigenen poetologischen Motive nicht verschont.

Hunger als Motiv und Metapher, könnte man vor dem Hintergrund der Geschichte des Hungers vermuten, war vielleicht gerade deshalb so geeignet für Diktonius' Verbindung von Ästhetik und Politik, weil sich aus der Verbindung von Technologie des Selbst und Technologie der Macht und durch die Politisierung des Hungers eine neue Deutungsoffenheit ergab, die seine Aneignung für die angestrebte Veränderung der Gesellschaft erleichterte. Die Unklarheit des Ergebnisses schien Diktonius dabei weniger problematisch als ein gesellschaftlicher Stillstand.[46] *Hunger i London* deutet an, dass sich nach *Min dikt* Zweifel in das utopische Potential des Hungers eingeschrieben haben. Diese Zweifel lassen sich zu den Problemen in Beziehung setzen, in welche die sozialistischen Revolutionen in Finnland und Russland zunehmend gerieten. Die Hoffnung auf eine Gemeinschaft der Hungernden, die sowohl das politische als auch das ästhetische Potential zu einer Revolution vereint, scheint sich zerschlagen zu haben.

45 Elmer Diktonius: *Dikter 1912–1942*, hrsg. v. Olof Enckell. Stockholm: Tidens 1956, S. 202.

46 Zum Problem der Richtungslosigkeit vgl. auch Henrikson: *Romantik och marxism*, S. 253–266.

Vom Hunger der Augen
Dilemmata in Goethes Schaulust

Felix Lenz

Einleitung

Es mag gewagt erscheinen, Johann Wolfgang Goethes Reflexionen zum Sehen mit Hunger in Beziehung zu bringen. Wird Hunger meist über seine Konsequenzen reflektiert, betont Goethe den Reizwert körperlicher Empfindung. Er reflektiert nicht den Hunger selbst, vielmehr versteht er Empfindungsfähigkeiten des Körpers generell als Bedürfnisse und setzt sie mit Hungerprozessen in Verbindung. So gehören in seinen Tagebüchern das Zeichnen als Augenbedürfnis ebenso wie die Mahlzeiten zur täglichen Routine. Goethe deckt im Sehorgan Ansprüche auf, die analog zum Hunger Zyklen von Mangel und Erfüllung in Gang setzen. Das Sehvergnügen als Augenbewegung erweist sich so als eine auf den Film vorausweisende Kinese. So wie Hunger und Gaumenfreuden einander bedingen, sind Körperempfindungen generell existentiell und zugleich ästhetisch. Goethes lebenslange Auseinandersetzung mit den Mischungsverhältnissen dieses Zwiespalts enthüllt eine moderne Disposition, den Wahrnehmungs- und Identitätshunger. Dilemmata zwischen Hunger und Sehen zeige ich auf über *Die Farbenlehre* (1810), Goethes erste Jahre in Weimar, insbesondere seine Krise rund um den Tod seiner Schwester im Jahr 1777 und den Roman *Die Wahlverwandtschaften* (1809). Inwiefern Goethes Idee eines Sinneshungers Kultur zum Grundnahrungsmittel macht, diskutiert der Schluss.

Farbenlehre

> Auf einer Harzreise im Winter stieg ich gegen Abend vom Brocken herunter, die weiten Flächen auf- und abwärts waren beschneit, [...] Baume- [...] und Felsenmassen bereift, die Sonne senkte sich eben gegen die Oderteiche hinunter. Waren den Tag über, bei dem gelblichen Ton des Schnees, schon leise violette Schatten bemerklich gewesen, so mußte man sie nun für hochblau ansprechen, als ein gesteigertes Gelb von den beleuchteten Teilen widerschien. Als aber die Sonne sich endlich ihrem Niedergang näherte und ihr durch die stärkeren Dünste gemäßigter Strahl die ganze mich umgebende Welt mit der schönsten Purpurfarbe überzog, da verwandelte sich die Schattenfarbe in ein Grün, das

> nach seiner Klarheit einem Meergrün, nach seiner Schönheit einem Smaragdgrün verglichen werden konnte. Die Erscheinung ward immer lebhafter, man glaubte sich in einer Feenwelt zu befinden, denn alles hatte sich in die zwei lebhaften und so schön übereinstimmenden Farben gekleidet, bis endlich mit dem Sonnenuntergang die Prachterscheinung sich in eine graue Dämmerung, und nach und nach in eine mond- und sternhelle Nacht verlor.[1]

Alle Kräfte erscheinen in Bewegung: Da sind der Abstieg des Betrachters, der sich gleichsam in ein schwebendes Auge verwandelt, der Lauf der Sonne zum Abend, wachsender Dunst, der das Sonnenlicht rötet, der Aufstieg des Mondes sowie die korrespondierende Metamorphose der Farbe. Ihr Weg von Schneeweiß mit wenigen dunklen Tupfern über gelb, violett und tiefblau zu einem Feuerwerk aus Purpur mit Grün, das sich sprachlich in Vergleichen vertieft, mündet nach grauer Dämmerung in eine Umkehrung der Ausgangslage; nun prägt schwarzer Himmel mit wenigen weißen Tupfern das Bild. Das Farberlebnis erweist sich als Konstellation von kosmischen Größen wie Sonne und Mond, makroskopischen Erdbedingungen wie Jahreszeit, Atmosphäre, Geologie und den Bedürfnissen des bewegten menschlichen Auges. Dies berührt drei Leitlinien der *Farbenlehre*:

> Farben und Licht stehen untereinander in dem genausten Verhältnis, aber wir müssen uns beide als der ganzen Natur angehörig denken: denn sie ist es ganz, die sich dadurch dem Sinne des Auges besonders offenbaren will. […] So spricht die Natur hinabwärts […]; so spricht sie mit sich selbst und zu uns durch tausend Erscheinungen.[2]

Die Farben stehen für die Natur als ganze ein und ermöglichen dem Menschen daher Kontakt zum kosmischen Ganzen. Die riesige Natur und das winzige Auge werden so kommensurabel. Das Gespräch der Natur mit sich selbst wird anhand der Farbe anschaulich. Goethes Schauen ist ein menschlicher Weg, von Bildern gesättigt für Augenblicke so groß zu werden wie der Kosmos. Seiner Übergröße korrespondiert unersättliche Schaulust – Max Kommerell dachte hier gar an Weltverzehr.[3] Der Mensch als Teil der Natur ist selbst Teil ihres Selbstgesprächs. Der Beweglichkeit der kosmischen Konstellation korrespondieren daher Züge des Auges selbst:

1 Johann Wolfgang Goethe: *Frankfurter Ausgabe in 40 Bänden* (FA), Bd. 23.1: Zur Farbenlehre. Das gesamte Hauptwerk von 1810, hrsg. v. Manfred Wenzel. Frankfurt am Main: DKV 1991, S. 54–55.

2 Ebd., S. 12–13.

3 Vgl. Max Kommerell: *Geist und Buchstabe der Dichtung* [1940]. Frankfurt am Main: Klostermann 1991, S. 21–24.

> Das Auge […] äußert seine Lebendigkeit darin, daß es in seinen Zuständen abzuwechseln verlangt, die sich am einfachsten vom Dunkeln zum Hellen und umgekehrt bewegen. Das Auge mag nicht einen Moment in einem besondern, in einem durch das Objekt spezifizierten Zustande identisch verharren. Es ist vielmehr zu einer Art von Opposition genötigt, die, indem sie das Extrem dem Extreme, das Mittlere dem Mittleren entgegensetzt, sogleich das Entgegengesetzte verbindet und in der Sukzession sowohl als in der Gleichzeitigkeit und Gleichörtlichkeit nach einem Ganzen strebt.[4] Das Auge verlangt dabei […] Totalität und schließt in sich selbst den Farbenkreis ab. In dem vom Gelben geforderten Violetten liegt das Rote und Blaue; im Orange das Gelbe und Rote, dem das Blaue entspricht; das Grüne vereinigt Blau und Gelb und fordert das Rote, und so in allen Abstufungen der verschiedensten Mischungen.[5]

Als anthropomorpher Akteur setzt das Auge – licht- und farbenhungrig – eine unendliche ästhetische Bewegung aus Forderung und Erfüllung in Gang. Insofern ist *Die Farbenlehre* eine Speisekarte, die die sichtbare Welt als Augennahrung erschließt. Dies zeigt sich in einer Art Rezeptsprache. Goethe beschreibt im *Wenn-man,-dann*-Stil, welche Faktoren man verbinden muss, um spezifische Farbsensationen zu kreieren.[6] Dieses Selbstgespräch der Natur beruht dabei auf einer Isomorphie zwischen Phänomenwelt und Organ:

> Das Auge hat sein Dasein dem Licht zu danken. Aus gleichgültigen tierischen Hülfsorganen ruft sich das Licht ein Organ hervor, das seinesgleichen werde; und so bildet sich das Auge am Lichte fürs Licht, damit das innere Licht dem äußeren entgegentrete. […] Jene unmittelbare Verwandtschaft des Lichtes und des Auges wird niemand leugnen, aber sich beide zugleich als eins und dasselbe zu denken, hat mehr Schwierigkeit.[7]

Die kühne Zuspitzung zielt auf eine Symbiose. Auge und Licht sind als zwei Pole einer Sache bruchlos einander zugewandt, als Identität von Auge und kosmischer Realitätsschicht. Im Farbraum herrscht so eine systemische Bedürfnisbefriedigung. Unausgesprochen zeitigt dies eine Spaltung zwischen Auge und Gesamtkörper, also zwischen zwei Hungerformen, dem unendlichen Weltverzehr des Auges und der Endlichkeit im Stoffwechsel des Körpers. Im Konzept des Gesprächs der Natur überschreitet Goethe eine Grenze. Denn der Endlosigkeit der Natur steht die Sterblichkeit des Betrachters unvereinbar gegenüber. Goethes Identität von Auge und Licht verleugnet insofern Körper und Tod. Dieser Ausschluss ermöglicht jedoch

4 Goethe: *Farbenlehre*, S. 39.

5 Ebd., S. 50.

6 Ebd., S. 45–47, 49, 51–53, 55, 59, 74, 156–157, 159–160.

7 Ebd., S. 24.

erst die symbiotische Spiegelbeziehung zwischen Subjekt und Natur, das Gefühl einer Gleichgröße mit dem Unendlichen. Goethes Sehtheorie geht es um Augenblicke, in denen das Auge, gleichsam aus den Mühen des Körpers herausgeschnitten, einen Gleichstand mit der Unendlichkeit und darin eine gesteigerte Lebendigkeit ermöglicht. Das Eingangszitat veröffentlichte Goethe 1810 als 60-Jähriger, die Szene erlebte er 1777 im Alter von 28 Jahren: ein eindrucksvoller Beleg für den zeitenthobenen und endlichkeitsvergessenen Charakter des Imaginären, der näheres Hinschauen herausfordert.

1776 und 1777

Liest man Tagebücher und Briefe aus Goethes ersten Jahren in Weimar, erlebt man einen leidenschaftlichen Zeichner. Gegenstand ist die Natur, die Versenkung in gesteigertes Sehen scheint indes beinahe wichtiger als das Ergebnis.[8] Über die symbiotische Begegnung mit der Natur hinaus mischt sich Frau von Stein dabei immer wieder als Adressatin der Zeichnungen ins Naturerlebnis mit ein. Als Dauerthemen prononcieren Goethes Briefe dies zu unterschiedlichen Zeiten und in verschiedenen Lebenslagen. Die ausdifferenzierten Argumente dieser Einlassungen bringe ich im Folgenden miteinander ins Gespräch, um so Schlüsse zum Verhältnis von Hunger und Schaulust bei Goethe zu ermöglichen: „Ich sizze offt unter meinem Himmel in Gedancken an Sie, Sie helfen mir abwesend zeichnen, und einen Augenblick wo ich Sie recht lieb habe seh ich die Natur auch schöner, vermag sie besser auszusprechen."[9] Über eine Fusion mit der Natur im Sehen hinaus besteht ein Bedürfnis nach Begegnung mit der Geliebten im Bild. Welt, Frau und Auge rücken hierdurch auf eine Spiegelachse. Goethe möchte, dass er und Charlotte von Stein eines Auges werden und darin gemeinsam mit der Natur verschmelzen. Bei einer Reise auf die Wartburg wünscht sich Goethe phantasmatisch sogar eine Möglichkeit, ein Medium, das körperliche Trennung im Bild überwindet:

> Hieroben! Wenn ich Ihnen nur diesen Blick der mich nur kostet aufzustehen vom Stuhl hinübersegnen könnte. […] wie die nackten Felsspitzen im Monde

8 Johann Wolfgang Goethe: *Goethes Briefe an Charlotte von Stein*, 2 Bde., hrsg. v. Julius Petersen. Leipzig: Insel 1907, Bd. 1, Brief 97, 16.09.1776, S. 45; Brief 106, 08.11.1776, S. 50; Brief 181, 29.–31.08.1777, S. 77; Brief 184, 13.–16.09.1777, S. 81.

9 Ebd., Brief 96, 12.09.1776, S. 44–45. Vgl. außerdem ebd., Brief 120, 08.01.1777, S. 55.

> röthen und die lieblichen Auen und Thäler ferner hinunter, und das weite Thüringen hinterwärts im Dämmer sich dem Himmel mischt.[10]

Derartige Bedürfnisse befriedigen heute Smartphones. Zugleich erscheint Goethes damals phantastischer Gedanke als persönlicher Fortschritt gegenüber einer Gefühlslage aus dem Vorjahr. Denn 1776 belastet er Frau von Stein noch mit einer hierzu komplementären Idee. Seine implizite Forderung an sie, als endliche Frau, Weltgröße anzunehmen, wird sich jedoch niemals medial erfüllen lassen:

> Sie kommen mir [...] vor wie Madonna, die gen Himmel fährt, vergebens dass ein rückbleibender seine Arme nach ihr ausstreckt, vergebens dass ein scheidender trähnenvoller Blick den ihrigen noch einmal niederwünscht, sie ist nur in den Glanz versuncken der sie umgiebt.[11]

Im ungestillten Liebeshunger überfluten Tränen als körperliche Schmerzen an der faktischen Endlichkeit das Auge, das zugleich Verursacher der Gloriole ist, die Frau von Stein auf Weltgröße projiziert. Der geleugnete Spalt zwischen Körper- und Augenwelt, später Motor medialer Wünsche, tritt hier grotesk zutage. „Um achte war ich in meinem Garten fand alles gut und wohl und ging mit mir selbst, mit unter lesend auf und ab. Um neune kriegt ich Brief dass meine Schwester todt sey.“[12] Skandalös bleibt der visuelle Raum des Gartens unverändert, während zugleich mit Cornelias Tod das bisher Ausgegrenzte unabweisbar wird. Doch Goethe kultiviert nun erst recht die scheinbar todesenthobene und darin rettende Schicht des Sehens:

> Heut früh hab ich am grosen Garten gezeichnet am Plazze wo wir neulich stillstanden und Sie mir die schöne Gegend zeigten. Ich war heut glücklich im Zeichnen, nicht eben mit der tiefen Liebe, aber eben drum in [...] Leichtigkeit. Es ist mir ganz wohl worden von Leib und Seele alle Bürden gelüftet, als wären sie weg.[13]

Zeichnen erscheint als glücklich gefundenes Mittel gegen alle Bürden. Zugleich wird die fatale Vorher-Nachher-Wendung des Todesbriefes, in analoger Zeitfigur, „hab [...] gezeichnet am Plazze wo wir neulich stillstanden“, kompensiert. Zeichnen wird für Goethe nun zum systematisch gesuchten Medikament:

10 Goethe: *Goethes Briefe an Charlotte von Stein*, 2, Bd. 1., Brief 184, 13.09.1777, S. 80–81.

11 Ebd., Brief 102, 07.10.1776, S. 47.

12 Ebd., Brief 173, 16.06.1777, S. 71.

13 Ebd., Brief 174, 05–07.07.1777, S. 71–72.

> Ich habe heut den Göttern sey danck von 8 Uhr früh bis Abends gezeichnet [...] immer mit gleicher Freude und gleicher Hoffnung, [...] Gnug auf dem Papier sind allerley treue, gute Augenblicke befestigt, Augenblicke in denen immer der Gedancke an Sie über der schönen Gegend schwebte.[14]

Seine Notlage stößt Goethe auf Diskursachsen der späteren Fotografie: die Suche nach treuen Augenblicken sowie ihre Befestigung. Realitätstreue und Dauer fungieren bis heute als Pole fotografischer Kollision von Leben und Tod. Parallel hierzu findet Goethe zu infantilen Ursprüngen der visuellen Erfahrung. Im hungrig Oralen und Okularen verschmelzen Körper und Auge tatsächlich:

> Dass ich mich träumend an den Erscheinungen der Natur und an der Liebe zu Ihnen weide, sehn Sie an beykommendem.[15] / Mir ists als ob das Zeichnen mir ein Saugläppgen wäre, dem Kind in den Mund gegeben, dass es schweige in eingebildeter Nahrung ruhe. [...] Den [...] Morgen hab ich für Sie gekrabbelt auf dem Papiere.[16]

Die Natur und die geliebte Frau erscheinen im Weiden beide als Speise. Das Zeichnen führt Mund, Hand und Auge zusammen. Einerseits gewinnt das in Krabbeln, Saugen und Sehen in den Körper Hineingebildete den Status elementarer Nahrung, andererseits geht es in Gestalt „eingebildeter Nahrung" um eine peinliche Täuschung. Die Wendung, „für Sie auf dem Papiere gekrabbelt", verfugt mütterliches Entzücken mit der Tatkraft eines Kindes. Dies gleicht der narzisstischen Erfüllung aus Jacques Lacans Spiegelstadium.[17] Die somatische Zusammenführung von Kinese (krabbeln), oraler Haptik (das Saugläppgen), Hand und Auge (greifen, zeichnen) fungiert als paradiesischer Ort, der das, was in Endlichkeitserfahrungen auseinandertritt, als Voraussetzung polymorph-sinnlicher Erfahrung zusammenführt. Infantile Wurzeln der Wahrnehmung und erwachsenes Wissen um den Tod, die als Zwiespalt von Körper und Auge Goethes Schriften prägen, betreffen eine allgemeine Aporie. Der infantile Modus, allmächtig alles ineinander abzuspiegeln, leidet an ohnmächtiger symbiotischer Enge. Allein echter Hunger oder Tod können hier eine größere Welt öffnen.[18]

14 Ebd., Brief 175, 12.–17.07.1777, S. 73.

15 Ebd., Brief 178, 11.08.1777, S. 75.

16 Ebd., Brief 184, 14.09.1777, S. 81–82.

17 Vgl. Jacques Lacan: Das Spiegelstadium als Bildner der Ichfunktion [1949]. In: Ders.: *Schriften I*, hrsg. v. Norbert Haas. Weinheim / Berlin: Quadriga 1991, S. 61–70.

18 Entsprechend ist 1778 weniger Gezeichnetes als vielmehr der Austausch von Nahrungsmitteln das gemeinsame Dritte zwischen Goethe und Frau von Stein.

Im November 1777 kündigt Goethes Schwager Schlosser seine Wiederverheiratung an. Erst jetzt begreift Goethe Cornelias Tod ganz. Fluchtartig bricht er in den Harz auf. Sein Projekt, erstmals im Winter den Brocken zu besteigen, führt Bildfreude, Größenphantasie und Gefahr zusammen. In der Erfahrung basaler Bedürftigkeit in Gestalt von Hunger, Kälte und Nässe findet Goethe mit einem väterlichen Förster im gemeinsamen Essen, Trocknen und Wandern ein neues, elementares soziales Feld. Goethe schweigt jedoch zunächst über sein lösendes Gipfelerlebnis hierbei.[19] Ein Fragment von 1785, geschrieben in Reflex auf die Harzreise von 1784, als Einleitung für das aufgegebene Projekt „Roman über das Weltall" gedacht, füllt diese Lücke.[20] In einer Gipfelschau, die sich auf Georges-Louis Leclerc de Buffons *Epoques de la Nature* (1778) stützt, realisiert Goethe den maximalen Gegensatz von Auge und Körper:

> Auf einem hohen nackten Gipfel sitzend und eine weite Gegend überschauend, kann ich mir sagen: Hier ruhst du unmittelbar auf einem Grunde, der bis zu den tiefsten Orten der Erde hinreicht, keine neuere Schicht, keine zusammengeschwemmten Trümmer haben sich zwischen dich und den festen Boden der Urwelt gelegt, du gehst nicht wie in jenen fruchtbaren schönen Tälern über ein anhaltendes Grab, diese Gipfel haben nichts Lebendiges erzeugt und nichts Lebendiges verschlungen, sie sind vor allem Leben und über alles Leben. [...] Ich fühle die ersten, festesten Anfänge unsers Daseins, ich überschaue die Welt, ihre schrofferen [...] Täler und ihre fernen fruchtbaren Weiden, meine Seele wird über sich selbst und über alles erhaben und sehnt sich nach dem nähern Himmel. [...] Aber bald ruft die brennende Sonne Durst und Hunger, seine menschlichen Bedürfnisse zurück. Er sieht sich nach jenen Tälern um, über die sich sein Geist schon hinausschwang, er beneidet die Bewohner jener fruchtbareren quellreichen Ebnen, die auf dem Schutte [...] ihre glücklichen Wohnungen aufgeschlagen haben, den Staub ihrer Voreltern aufkratzen und das geringe Bedürfnis ihrer Tage in einem engen Kreise ruhig befriedigen.[21]

Granitgipfel, Himmel und ekstatische Schau werden als todesenthobener Raum charakterisiert, das fruchtbare Tal dagegen als ewiges Grab. In Ich-Form strebt das Auge nach oben in die Verklärung, der Körper jedoch ruft mit Hunger und Durst ins Leben, ins menschliche Schicksal, in die bedürfnisgetriebene Sozialwelt zurück. Der

19 Johann Wolfgang Goethe: *FA*, Bd. 29: Briefe, Tagebücher, Gespräche 1775–1786, hrsg. v. Hartmut Reinhardt. Frankfurt am Main: DKV 1997, S. 112–122.

20 Vgl. Elisabeth von Thadden: *Erzählen als Naturverhältnis – „Die Wahlverwandtschaften". Zum Problem der Darstellbarkeit von Natur und Gesellschaft seit Goethes Plan eines „Roman über das Weltall".* München: Fink 1993, S. 49–63.

21 Johann Wolfgang Goethe: Granit II. In: Ders.: *FA*, Bd. 25: Schriften zur allgemeinen Naturlehre, Geologie und Mineralogie, hrsg. v. Wolf von Engelhardt / Manfred Wenzel. Frankfurt am Main: DKV 1989, S. 312–316, hier S. 314–315.

Blick ins Große tariert sich in Er-Form neu aufs Endliche ein, auf die Kette der Voreltern. Sehen wird intim, sozial und konkret, sobald es als neues Ich Hunger ins Sehfeld integriert: „Ich kehre von jeder schweifenden Betrachtung zurück und sehe die Felsen selbst an."[22] Der Nahblick bringt erstmals das Konkrete, den Felsen, für sich ins Spiel und verkehrt alle Kosmik ins Gegenteil. Der Granit ist keineswegs ewig, sondern selbst Teil einer alles durchdringenden Endlichkeitsordnung. Körperlicher Hunger beleuchtet, dass alles von Hunger berührt ist. Hieraus erwächst späterhin Goethes naturwissenschaftliches Ethos, nur das Konkrete gelten zu lassen.[23]

Wie gefährdet indes die Sublimation vom Kosmischen ins Solide bleibt, offenbart ein Brief vom 12. April 1782 an die Stein: „Erlaube [...], daß ich Dich nach meiner Art auf den Gipfel des Felsens führe und Dir die Reiche der Welt und ihre Herrlichkeit zeige."[24] Das Sprachbild gemahnt an Jesu Versuchung durch den Teufel (Mt 4,8–9). Nicht umsonst heißt die Gipfelmarkierung des Brocken Teufelsstein. Zugleich zeigt sich Goethes Wende zur Naturwissenschaft von hier aus als Emanzipation vom Ort der Versuchung. Und der eingangs zitierte Abstieg erweist sich als Willkommen der endlichen Welt, als Variation des faustischen „Die Erde hat mich wieder."[25] Es spricht für Goethes gestaltbildende Kraft, dass er notiert, wie ihm beim Abstieg vom Brocken ein Partikel ins Auge flog – der Balken im eigenen Auge (Mt 7,4) – und er seine Entdeckung des Hungers mit erzwungenem Fasten der Augen büßte.[26] Hunger, Durst und Endlichkeit relativieren so die symbiotische Symmetrie von Ich, Welt und Geliebter. Die *Farbenlehre* ist zwar weiterhin hiervon geprägt, als mediatisierender[27] Akt gewinnt sie jedoch eine völlig neue Potenz. Sie macht das visuelle Feld teilbar, gibt Rezepte zum bildhaften Erleben und ermöglicht

22 Ebd., S. 315–316.

23 Vgl. Peter Schnyder: Grund-Fragen. Goethes Text „Über den Granit" als ‚Ur-Ei' der Wissenspräsentation. In: Barbara Naumann / Margrit Wyder (Hrsg.): *‚Ein unendliches in Bewegung.' Künste und Wissenschaften im medialen Wechselspiel bei Goethe.* Bielefeld: Aisthesis 2012, S. 245–264.

24 Goethe: *Goethes Briefe an Charlotte von Stein,* Bd. 2, Brief 852, 12.04.1782, S. 141–142.

25 Johann Wolfgang Goethe: Faust. Der Tragödie Erster Teil. In: Ders.: *FA*, Bd. 7.1: Faust. Texte, hrsg. v. Albrecht Schöne. Frankfurt am Main: DKV 1997, S. 31–199, hier S. 46.

26 Goethe: *FA*, Bd. 29: Briefe, Tagebücher, Gespräche 1775–1786, S. 121.

27 Vgl. Sabine Schimma: ‚So sehr ich die Unvollkommenheit jenes ersten Versuches fühlte und fühle.' Die Medien und ihr Eigenleben in Goethes Farbstudien. In: *Goethe-Jahrbuch* 129 (2013), S. 21–29.

darin eine Art Kommunion. Goethe verengt sich nicht mehr, sondern stiftet im Kreis der Freunde der Natur eine Kommunität unter Gleichen.[28] Die *Farbenlehre* als Ende des Entwicklungsromans seiner Schaulust hat Goethe insofern zu Recht als entscheidendes Hauptwerk empfunden.[29]

Die Wahlverwandtschaften

Widmet sich die *Farbenlehre* (1810) lebensvollen Sublimationsmöglichkeiten, arbeiten sich *Die Wahlverwandtschaften* (1809) als Gegengewicht hierzu an tödlichen Möglichkeiten im Sehraum ab. Ottilies Drama wurzelt in der Spannung von Hunger und visueller Attraktion. Als Waise hat sie nichts zu erwarten. Im Pensionat fällt sie durch mäßiges Essen und Schweigsamkeit auf, nur ein Hilfslehrer sieht in ihr eine künftige Lehrerin.[30] Ihr Leben ändert sich, als sie von Charlotte, der besten Freundin ihrer Mutter, aufgenommen wird. Eduard, Charlottes Gatte, verfällt hierauf Ottilies Anblick. Ihre Augen werden ihm zum Augentrost, ihre Dienstbarkeit schmeichelt ihm, und als sie bei Abschreibarbeiten Eduards Handschrift annimmt, wird sie vollends zum ersehnten Spiegelbild.[31] Eduard verwandelt seine Parkanlagen nun in eine Blickfolge, in der sich sein Entzücken an Ottilie und bewegliche Ausblicke quadrieren. Alles soll zu Bild und Spiegel seiner Obsession werden.[32] Zuvor unbeachtet lebt Ottilie in Eduards visuellem Regime auf. Durch aufs Bild zielende Realitätsgestaltung[33]

28 Vgl. Albrecht Schöne: *Goethes Farbentheologie.* München: Beck 1987, S. 60; Thomas Lehmann: *Augen Zeugen. Zur Artikulation von Blickbezügen in der Fiktion.* Tübingen / Basel: Francke 2003, S. 191.

29 Vgl. Johann Wolfgang Goethe: *FA*, Bd. 17: Tag- und Jahreshefte, hrsg. v. Irmtraut Schmid. Frankfurt am Main: DKV 1994, S. 234; Johann Peter Eckermann: Gespräche mit Goethe in den letzten Jahren seines Lebens 1823–1832. In: Johann Wolfgang Goethe: *FA*, Bd. 39, hrsg. v. Christoph Michel / Hans Grüters. Frankfurt am Main: DKV 1999, S. 320.

30 Johann Wolfgang Goethe: Die Wahlverwandtschaften. In: Ders.: *FA*, Bd. 8: Die Leiden des jungen Werthers. Die Wahlverwandtschaften. Kleine Prosa. Epen, hrsg. v. Waltraud Wiethölter / Christoph Brecht. Frankfurt am Main: DKV 1994, S. 269–529, hier S. 293–295.

31 Ebd., S. 355–356.

32 Vgl. Lehmann: *Augen Zeugen*, S. 208–217.

33 Vgl. Tim Mehigan: ‚From hence they resolve all Beings to Eyes', Zur Blickproblematik in Goethes *Wahlverwandtschaften.* In: Gabriele Brandstetter (Hrsg.): *Erzählen und Wissen. Paradigmen und Aporien ihrer Inszenierung in Goethes „Wahlverwandtschaften"*. Freiburg: Rombach 2003, S. 169–185; Christoph Steier: *Hunger/Schrift. Poetologien des Hungerns von der Goethezeit bis zur Gegenwart.* Würzburg: Königshausen & Neumann 2014. Steier spricht von „scheinhafter Verlebendigung" (ebd., S. 88).

entwirklicht sich jedoch alles: Eduards Eheentwurf mit Charlotte ebenso wie die Abhängigkeit Ottilies, die eigentlich erfordert, ihre Autonomie zu stärken. Dieses Schisma zwischen realen und augenbezogenen Bedürfnissen entwickelt sich fatal: Eduards Körper schläft mit seiner Gattin Charlotte, seine Augen imaginieren sich währenddessen jedoch in Ottilies Arme. In der *Farbenlehre* ermöglicht die Trennung von Körper und Auge phänomenologische Erkenntnis, als Basis verblendeten Sozialverhaltens führt das gleiche diesmal zu Identitätsspaltungen. Als Charlotte Eduard konfrontiert, steht er nicht zu seiner Liebe. Stattdessen zieht er sich in eine Einsiedelei zurück. Der im Liebesakt aufgerissene Spalt zwischen Auge und Körper wird nun immer größer. Die körperliche Seite tragen Charlotte als Schwangere und ihr Baby aus. Eduard verabsolutiert hingegen den Bildeffekt:

> Ich habe den unschätzbaren Vorteil, mir denken zu können, wo sich Ottilie befindet, wo sie geht, wo sie steht, wo sie ausruht. Ich sehe sie vor mir tun und handeln wie gewöhnlich, schaffen und vornehmen, freilich immer das, was mir am meisten schmeichelt. [...] Nun arbeitet meine Phantasie durch, was Ottilie tun sollte, sich mir zu nähern. Ich schreibe süße, zutrauliche Briefe in ihrem Namen an mich, ich antworte ihr und verwahre die Blätter zusammen. [...] Da ich ihr nahe war, träumte ich nie von ihr; jetzt aber, in der Ferne, sind wir im Traume zusammen. [...] Jetzt erst erscheint mir ihr Bild im Traum, als wenn sie mir sagen wollte: siehe nur hin und her! Du findest doch nichts Schöneres und Lieberes als mich. Und so mischt sich ihr Bild in jeden meiner Träume.[34]

Parallel zu Eduards Exil malt ein Architekt zusammen mit Ottilie eine Kapelle mit weiblichen Heiligenfiguren und Madonnen aus und gestaltet mit ihr zur Abendunterhaltung der Gesellschaft lebende Bilder. Hierbei dienen gleichermaßen mythologische und christliche Motive als Vorbilder. Doch für das Hungern des Architekten um sie in Bildern bleibt Ottilie blind:

> Der Architekt arbeitete Tag und Nacht, [...]. Und zwar Tag und Nacht im eigentlichen Sinne. Er hatte ohnehin wenig Bedürfnisse, und Ottiliens Gegenwart schien ihm statt alles Labsals zu sein; indem er um ihretwillen arbeitete, war es, als wenn er keines Schlafs, [...] keiner Speise bedürfte [...]. Es schien ihm unmöglich, von Ottiliens Augen zu scheiden, von deren ruhig freundlich gewogenen Blicken er die letzte Zeit fast ganz allein gelebt hatte.[35]

34 Goethe: Wahlverwandtschaften, S. 386–387. Vgl. Elisabeth Herrmann: *Die Todesproblematik in Goethes Roman „Die Wahlverwandtschaften"*. Berlin: Schmidt 1998, S. 147–155.

35 Goethe: Wahlverwandtschaften, S. 438.

Wie bei Eduard induziert Ottilie auch bei ihm die Utopie eines unendlichen Sehraumes jenseits des primären Hungers. Völlig anders tariert sich indes die gleiche Energie, als ihr früherer Lehrer unangekündigt als Besucher eintrifft, während Ottilie im Rahmen eines Abendprogramms mit lebenden Bildern eine Madonna darstellt:

> Wie im zackigen Blitz fuhr die Reihe ihrer Freuden und Leiden vor ihrer Seele vorbei und regte die Frage auf: darfst du ihm alles bekennen und gestehen? Und wie wenig wert bist du, unter dieser heiligen Gestalt vor ihm zu erscheinen, und wie seltsam muß es ihm vorkommen, dich, die er nur natürlich gesehen, als Maske zu erblicken? […] Ihre Augen füllten sich mit Tränen.[36]

Die Diskrepanz zwischen bildhafter Maske und natürlichem Körper führt Auge und Körper – analog zu Goethes Stein-Brief vom 7. Oktober 1776 – in Scham und Tränen wieder zusammen und erweckt Ottilies Wunsch, durch Vertrauen real zu werden. Doch die Chance zieht vorüber. Allein das Schlimmste führt sie in die Realität zurück. Eduard passt Ottilie beim Parkspaziergang mit Charlottes Baby ab, um ihre Hand zu fordern. Ottilie ist hiervon so erschüttert, dass ihr beim Heimweg per Boot das Missgeschick unterläuft, das Baby ins Wasser fallen und ertrinken zu lassen. Ihre Rettungsversuche erzählt Goethe als Entdeckung des Körpers. Schuld wird zum Preis dafür, kein unendliches Bild mehr zu sein, sondern endlicher Körper. Entsprechend steht Ottilies Nacktheit dabei nicht mehr im Zeichen erotischen Augenhungers. Vielmehr scheitert sie zum Leid ihrer Augen mit der nährenden Ebene ihrer Brust:

> Sie entkleidet das Kind und trocknets mit ihrem Musselingewand. Sie reißt ihren Busen auf und zeigt ihn zum erstenmal dem freien Himmel; zum erstenmal drückt sie ein Lebendiges an ihre reine nackte Brust, ach! Und kein Lebendiges. Die kalten Glieder des unglücklichen Geschöpfs verkälten ihren Busen […]. Unendliche Tränen entquellen ihren Augen und erteilen der Oberfläche des Erstarrten einen Schein von Wärme und Leben.[37]

Ottilie will nun ins Pensionat zurückkehren und Lehrerin werden. Ihr Autonomiewunsch schließt Unabhängigkeit von männlichen Augenwünschen ein: „Das Geschick ist nicht sanft mit mir verfahren […] und wer mich liebt, hat nicht viel Besseres zu erwarten."[38] Die Realität und echten Hunger ausgrenzende Spaltung der Augenwelt scheint überwunden. Doch Eduard bleibt blind für Ottilies Anspruch auf

36 Goethe: Wahlverwandtschaften, S. 440–441.
37 Ebd., S. 494–495.
38 Ebd., S. 505.

Autonomie. Ausgerechnet mit Sorge um ihre körperliche Bedürftigkeit schließt er sie final in sein für ihren Hunger intolerantes Blickregime ein: „Was soll aus Ottilien werden, die unser Haus verlassen, […] unserer Vorsorge entbehren und sich in der verruchten, kalten Welt jämmerlich herumdrücken müßte!“[39] Vorsorge, also Ernährung wird zum Mittel, Ottilies Aufbruch zu durchkreuzen. Unter der Bedingung einer Erneuerung der Ehe von Eduard und Charlotte kehrt Ottilie auf das Anwesen zurück. Doch ihre Autonomiesuche ist gebrochen und ihr bleiben nur passive Mittel, um ihre Würde zu behaupten. Ottilie verstummt, zieht sich aus der Gemeinschaft der Mahlzeiten zurück und gibt ihr Essen ihrer lebensvoll-hungrigen Zofe weiter. Ausgerechnet im Versuch, die Spaltung von Körper und Auge zu überbrücken, lebt Ottilie nur noch als stummes Bild.[40] Grenzten zuvor Männer ihr gegenüber Hunger und körperliche Bedürfnisse aus, übernimmt sie nun selbst den Hungerpart und lässt sich gerade in ihrem Nachgeben gegenüber Eduards Schaulüsten „jämmerlich“ in „kalter Welt“ verhungern.

Schlussbemerkung

Das aporetische Verhältnis zwischen unendlichem Hunger der Augen und der Endlichkeit des Körpers im Hunger zeigt sich bei Goethe überall als menschliche Gestaltungsaufgabe. Moralische Bändigung zieht er dabei nie in Betracht. Vielmehr werden beide gegenläufigen Kräfte im Körper selbst als natürlich verortet. Der Hunger des Auges und der des Körpers müssen nach ihrem Maß gestillt werden, keines kann das andere ersetzen. Das kulturelle Feld erscheint als Reflexionsort dieser Kollision, aber auch als Erfüllungsraum des sinnlichen Hungers.[41] In erster Linie ist Kultur insofern nichts Zusätzliches, kein Luxus, Statussymbol oder Bildungsgut, sondern als Hunger existentiell notwendig. Goethes Reflexion der Mischungsverhältnisse von verschiedenen hungerartigen Bedürfniswelten ist eine Identitätsfrage auf Leben und Tod.

39 Ebd., S. 488.

40 Vgl. Claudia Öhlschläger: ‚Kunstgriffe‘ oder Poiesis der Mortifikation. In: Brandstetter (Hrsg.): *Erzählen und Wissen*, S. 187–204, hier S. 192–194.

41 Vgl. Michael Mandelartz: *Goethe, Kleist. Literatur, Politik und Wissenschaft um 1800*. Berlin: Schmidt 2011, S. 288–294. Mandelartz diskutiert hier die Rückbindung der Seele an die Natur.

Geläufige Argumente, Kultur als immaterielle Sonderzone der Reflexion auszuweisen, werden gleichermaßen für wie gegen sie verwendet. In diesen Schwundstufen von Kants glänzendem Argument, das Schöne von Interessen zu trennen,[42] wird nie die vitale Wurzel berührt, die Goethe betont. Bei den Sinnen und ihren Kultivierungen geht es um gewaltige Antriebe mit Hungercharakter. Dies betrifft nicht nur die Identität einzelner Akteure, sondern immer auch die ganze Kommunität. Was im Bemühen um Aufwertung oder Abwertung oft als zweiter Ort der Reflexion ausgewiesen wird, ist in Wahrheit der erste. Wie überlebensfähig Gesellschaften sind, die hier irrige Vertauschungen institutionalisieren, wird sich zeigen.

42 Immanuel Kant: *Kritik der Urteilskraft*. Frankfurt am Main: DKV 2009, §2–3, S. 522–526.

Empathie als Fernsehereignis
Bilder des Hungers und das Live Aid Festival 1985

Benjamin Möckel

Einleitung

Darstellungen von Hungersnöten bilden einen zentralen Bildkorpus innerhalb der ‚moralischen Ikonographie' des 20. Jahrhunderts.[1] Sie fordern Empathie und unmittelbare Hilfe heraus, sind aber zugleich nicht selten Ausdruck einer entblößenden und z.T. beinahe gewalttätigen Darstellung individuellen Leidens.[2] Exemplarisch lässt sich hieran die Ambivalenz humanitärer Arbeit und der damit verbundenen humanitären Optiken erkennen, die immer auch Optiken von Asymmetrie und Herrschaft sind.[3] Darüber hinaus lassen sich hierin sowohl die langen Traditionslinien erkennen, in denen humanitäre Deutungsmuster tradiert wurden, als auch die Wandlungen und Neudeutungen, die u.a. aus medialen Strukturbrüchen zu erklären sind. In diesem Spannungsfeld setzt sich der folgende Beitrag mit der medialen Darstellung der Hungersnot am Horn von Afrika von 1984/85 auseinander und analysiert deren Bildsprache in einem für die westlichen Konsumgesellschaften äußerst aufschlussreichen Rezeptionszusammenhang.

Im Mittelpunkt des Beitrags steht die Reportage des kenianischen Fotojournalisten und Kameramanns Mohamed Amin und des britischen Journalisten Michael Buerk aus dem Flüchtlingslager in Korem/Äthiopien, die im Oktober 1984 in der BBC erstausgestrahlt wurde. Die von ihnen erstellten Filmaufnahmen gehören zu den am breitesten rezipierten Darstellungen einer modernen Hungerkatastrophe. Entgegen allen Theorien des *Compassion Fatigue* vermochte es die an

1 Habbo Knoch: Schockierende Bilder. 1945 und die moralische Ikonographie des 20. Jahrhunderts. In: *Neue Politische Literatur* 61,1 (2016), S.63–78.

2 Zu dieser Ambivalenz in der visuellen Darstellung von „fremdem Leid" siehe Susan Sontag: *Regarding the Pain of Others*. London: Hamish Hamilton 2003.

3 Zu den moralischen Ambivalenzen des Humanitarismus vgl. als prägnanteste Darstellungen Michael N. Barnett: *Empire of Humanity. A History of Humanitarianism*. Ithaca: Cornell UP 2011; Didier Fassin: *Humanitarian Reason. A Moral History of the Present Times*. Berkeley: University of California Press 2012. Zur historischen Genese humanitärer Optiken vgl. zuletzt Heide Fehrenbach / Davide Rodogno (Hrsg.): *Humanitarian Photography: A History. Human Rights in History*. New York: Cambridge UP 2015.

diese Aufnahmen anschließende Berichterstattung, die Hungersnot in Äthiopien über mehrere Monate in der medialen Aufmerksamkeit zu halten und eine bis dahin kaum gekannte Welle der emotionalen Anteilnahme zu erzeugen. Auf der anderen Seite fügte sich die hierbei verwendete Bildsprache sehr unkritisch in etablierte Deutungsmuster des afrikanischen Kontinents ein und prägte dessen Wahrnehmung auch in den folgenden Jahrzehnten.

In meinem Beitrag gehe ich davon aus, dass die mediale Aufmerksamkeit von Beginn an durch eine doppelte Perspektive gekennzeichnet war: Auf der einen Seite erschien Hunger als Ausdruck schockierender Körperlichkeit, die den Anspruch erhob, die räumliche Entfernung des Geschehens medial zu transzendieren und zu unmittelbarem Handeln aufzurufen. Auf der anderen Seite stellte Hunger jedoch auch eine soziale Figur dar, deren mediale Darstellung gerade deshalb so anschlussfähig war, weil sie auf Topoi zurückgreifen konnte, welche die Zuschauer schon zuvor über den afrikanischen Kontinent zu wissen meinten.

Um diese medialen Inszenierungsstrategien zu analysieren, konzentriert sich der zweite Teil des Beitrags mit dem Live Aid Festival vom Juli 1985 auf einen spezifischen zeitgenössischen Rezeptionszusammenhang. Das als globales Medien- und TV-Ereignis inszenierte Doppelkonzert spiegelte die zu Beginn dargestellte Ambivalenz in besonders deutlicher Weise. Auf der einen Seite kann es als eine beinahe obszöne Geste verstanden werden, auf die Herausforderung einer Hungersnot mit einem globalen Popmusikfestival zu reagieren, das in Organisation und Motivik ganz der Logik westeuropäischer Konsumereignisse folgte. Zugleich gelang es dem Festival jedoch sehr erfolgreich, die Hungersnot in Äthiopien als moralisches Kapital zu nutzen und alle mit dem Ereignis verbundenen Konsumhandlungen als Teil einer moralischen Alltagspraxis und Ausdruck persönlicher Betroffenheit und Empathie darzustellen.

Der Beitrag analysiert, wie im Kontext des Festivals mit den zeitgenössisch kursierenden Bildern der Hungersnot umgegangen wurde. Im Zentrum stehen einerseits die Deutungsmuster, mit denen der afrikanische Kontinent in diesen Diskursen beschrieben wurde, sowie die Darstellung von Hunger als emblematischer Form körperlichen Leidens. Darüber hinaus wird gefragt, ob im Kontext des Live Aid Festivals auch eine Verbindung zu westlichen Konsum- und Lebensstilen hergestellt wurde oder ob die hierin enthaltene Diskrepanz bewusst ausgespart blieb.

Medialisierung: Die BBC-Reportage von Mohamed Amin und Michael Buerk

Die knapp siebenminütige Reportage von Mohamed Amin und Michael Buerk aus dem Flüchtlingslager in Korem gilt zurecht als ein Schlüsseldokument der Berichterstattung über globale humanitäre Katastrophen. In ihrer visuellen Deutungsmacht ist sie für die zweite Hälfte des 20. Jahrhunderts vermutlich nur mit den Bildern des Bürgerkriegs in Biafra (1967–1970) vergleichbar, an deren Bildsprache sie in vielen Aspekten anschloss.[4] Schon zeitgenössisch galt sie als Signum dafür, welchen Einfluss das Fernsehen im medialen Feld gewonnen hatte. Denn obwohl die Hungersnot schon seit Monaten bekannt war und in Printmedien relativ regelmäßig behandelt wurde,[5] erhielten die Ereignisse erst mit der Ausstrahlung der Fernsehreportage globale Aufmerksamkeit. Es ist geschätzt worden, dass die Reportage insgesamt von mehr als 400 Fernsehstationen gezeigt wurde und ein Publikum von ca. 470 Millionen Menschen erreichte. Für die Wiederausstrahlung im Kontext der Live Aid-Übertragungen wird von einer erneuten Reichweite von 1,5 Milliarden Zuschauer_innen ausgegangen.[6] Im selben Jahr, in dem Neil Postman seine radikale Kritik der Entertainment- und Fernsehgesellschaft unter dem Titel *Amusing Ourselves to Death* veröffentlichte,[7] schien die Reportage gerade im Gegenteil zu beweisen, welche Kraft das Fernsehen besaß, globale Aufmerksamkeit für humanitäre Notstände und Katastrophen zu generieren.

Zeitgenössisch wurde zur Erklärung der außergewöhnlichen medialen Wirkung des Beitrags immer wieder auf die unmittelbare emotionale Kraft der Bilder verwiesen; worin diese bestand, wurde jedoch selten kritisch reflektiert. Aus heutiger Sicht erscheinen vor allem zwei Aspekte von entscheidender Bedeutung: Einerseits die Darstellung von ‚Hunger' als eines schicksalhaft-natürlichen und zutiefst körperlich verhafteten Phänomens, das als nicht hinterfragbares

4 Vgl. hierzu u.a. Lasse Heerten: A wie Auschwitz, B wie Biafra. Der Bürgerkrieg in Nigeria (1967–1970) und die Universalisierung des Holocaust. In: *Zeithistorische Forschungen* 8,3 (2011), S. 394–413.

5 Vgl. hierzu u.a. Susan D. Moeller: *Compassion Fatigue: How the Media Sell Disease, Famine, War, and Death.* New York: Routledge 1999, S. 111–125.

6 Greg Philo: From Buerk to Band Aid. The Media and the 1984 Ethiopian Famine. In: John Eldridge (Hrsg.): *Getting the Message. New, Truth and Power.* London: Routledge 1993, S. 104–125, hier S. 121.

7 Neil Postman: *Amusing Ourselves to Death. Public Discourse in the Age of Show Business.* New York: Viking 1985.

Elementarereignis erschien; und auf der anderen Seite dessen Interpretation als ein mit kulturellem Sinn aufgeladenes Phänomen, das in Darstellung und Rezeption in vorhandene Wissensbestände eingeordnet werden konnte.

Schon die Eingangssequenz griff diese Dimensionen auf. Aus dem Off beschrieb Michael Buerk die Situation in Äthiopien als „biblical famine“ und das Lager in Korem als „closest thing to hell on earth“. Tausende Menschen würden täglich in das Lager „fluten“ („flood in“) und meist nur den Tod finden; sie seien vom Hunger über jeden Punkt der Verzweiflung hinausgetrieben. Alle 20 Minuten würde ein Kind oder ein Erwachsener sterben. Unterlegt war die Sequenz von einer Totale über die sitzenden und liegenden Menschenmassen des Lagers, deren Gesichter größtenteils unerkennbar blieben.

Hiermit waren wichtige Deutungsaspekte etabliert. Die Hungersnot, in der Darstellungsweise wie oben beschrieben einer „biblical famine“ gleichkommend, erschien als metaphysisch überhöhte Naturkatastrophe, obwohl sie in Wirklichkeit nur im Kontext des seit den 1970er Jahren ausgetragenen Äthiopischen Bürgerkriegs adäquat zu verstehen war. Auch die Menschen selbst erschienen als eine anonyme Naturgewalt, die in das Lager „flutete“. Die gesamte Reportage stellte sie nicht als Akteure dar, sondern als passive Masse, was durch die Totale der ersten Bildeinstellungen zusätzlich betont wurde. ‚Hunger‘ erschien hierbei als Phänomen radikaler Körperlichkeit, was an einigen Stellen auch mit einer Überschreitung ethischer Grenzen der Darstellung verbunden war – beispielsweise in einer längeren Sequenz, die den Tod eines Kindes zeigte.

Der einzige Versuch einer politischen Einbettung erfolgte über eine kurze Interviewsequenz mit einer Mitarbeiterin von Médecins Sans Frontières, die auf die fehlende Reaktion westlicher Regierungen hinwies. Abgesehen davon blieben die Ereignisse jedoch weitestgehend dekontextualisiert. Korem erschien auf diese Weise als ein von der Außenwelt abgeschlossener Mikrokosmos des Leidens, in den die beiden Reporter für einen kurzen Besuch hinabgestiegen waren.

Fragt man nach der außergewöhnlichen Resonanz der Reportage, so erklärt sie sich vermutlich nicht aus der Innovation der Bildsprache, sondern eher aus dem Anschluss an etablierte mediale und historische Deutungsmuster, die für die Interpretation der Ereignisse abgerufen wurden. Stereotype Bilder von Afrika als Kontinent von Hunger, Leid und Gewalt wurden ebenso selbstverständlich als

Interpretamente vorausgesetzt wie die Bilder des Biafra-Krieges und der so genannten ‚Biafra-Kinder', die seit den späten 1960er Jahren Teil des zeitgenössischen Bildhaushalts waren. Während die über das Fernsehen hergestellte globale Aufmerksamkeit zeitgenössisch als ein neuartiges Phänomen wahrgenommen wurde, lässt sich für die verwendete Bildsprache demnach eher das Gegenteil feststellen: Hier erschienen die Strategien der Aufmerksamkeitsgenerierung mitunter sogar als Anachronismus in einer Zeit, in der im humanitären Feld schon kontrovers über die Problematik und Ambivalenz von „shocking images" und einer reinen „iconography of suffering" diskutiert wurde. In der Inszenierung und Berichterstattung des Live Aid Festivals sollte sich diese Ambivalenz in ähnlicher Weise fortsetzen.

Eventisierung: Hunger, Musik und Mitleid auf dem Live Aid Festival

Folgt man der Selbstdarstellung Bob Geldofs, des Hauptorganisators des Live Aid Festivals, so bildete die Amin/Buerk-Reportage den Schlüsselmoment seines philanthropischen Engagements. Zwar inszeniert seine 1986 erschienene Autobiographie dieses Ereignis sehr expressiv als plötzliches Bekehrungserlebnis. Dennoch ist es in Fortführung des vorangegangenen Abschnitts sehr aufschlussreich, Geldofs Rezeption der Reportage in einem längeren Zitat aufzugreifen:

> From the first seconds it was clear that this was a horror on a monumental scale. The pictures were of people who were so shrunken by starvation that they looked like beings from another planet. Their arms and legs were as thin as sticks, their bodies spindly. Swollen veins and huge, blankly staring eyes protruded from their shriveled heads. The camera wandered amidst them like a mesmerized observer, occasionally dwelling on one person so that he looked directly at me, sitting in my comfortable living room surrounded by the fripperies of modern living which we were pleased to regard as necessities. Their eyes looked into mine. […] All around was the murmur of death, like a hoarse whisper, or the buzzing of flies.[8]

Geldofs Wahrnehmung korrespondiert in zentralen Aspekten mit den im vorangegangenen Abschnitt dargestellten Topoi. Charakteristisch ist zunächst die Parallelität von radikaler Nähe und absoluter Distanz: Auf der einen Seite erschien das Flüchtlingslager auch bei ihm als ein hermetisch abgeschlossener Mikrokosmos und deren Bewohner als

8 Bob Geldof (mit Paul Vallely): *Is That It?* London: Sidgewick & Jackson 1986.

Abb. 1: Cover von Band Aid: *Do They Know It's Christmas*, November 1984.

„beings from another planet". Zugleich schien die mediale Perzeptionssituation diese Distanz jedoch vollkommen zu transzendieren („Their eyes looked into mine"). Unübersehbar ist auch bei ihm darüber hinaus die Fokussierung auf Faktoren radikaler Körperlichkeit, die als zentrales Signum der Hungerkatastrophe interpretiert werden. Ähnlich wie bei Michael Buerk fand dies auch bei Geldof seinen Ausdruck in entindividualisierten Metaphern abstrakter Naturphänomene („murmur of death", „the buzzing of flies").

Es besteht kaum Anlass, die emotionale Betroffenheit in Zweifel zu ziehen, die Geldof in zeitgenössischen Stellungnahmen immer wieder als einzigen Grund seines Engagements anführte. Gerade deshalb erscheint jedoch die Frage relevant, in welcher Weise die verschiedenen Projekte von Band Aid und Live Aid die Hungersnot in

Äthiopien aufgriffen und mit welcher Bildsprache sie die dortigen Ereignisse darstellten.

Live Aid bildet das einflussreichste Beispiel einer Entwicklung, die sich für die 1970er und 80er Jahre unter dem Schlagwort „humanitarian pop music" subsummieren lässt.[9] Medial aufbereitete Musikveranstaltungen versprachen auf der einen Seite zuvor kaum erreichte Möglichkeiten der Aufmerksamkeitsgenerierung. Auf der anderen Seite waren Popmusik im Allgemeinen und Musikfestivals im Besonderen Ausdruck einer dezidiert westlichen Konsumkultur. Ihre Inanspruchnahme für humanitäre Aspekte – insbesondere im Kontext einer Hungersnot – war demnach mit einer inhärenten Spannung zwischen Anlass und Form der Veranstaltung verbunden.

Für Live Aid lassen sich dabei, ähnlich wie für andere Veranstaltungen, zwei Möglichkeiten vorstellen, mit dieser Spannung umzugehen. Auf der einen Seite konnte gerade die Diskrepanz zwischen westlicher Konsumkultur und humanitärer Katastrophe zum Thema gemacht werden. In den meisten Fällen wurde von dieser Diskrepanz jedoch eher abstrahiert und allein auf die materielle Dimension der akquirierten Spenden fokussiert. In Ansätzen lassen sich im Fall von Live Aid beide Dimensionen wiederfinden. Der Versuch einer kritischen (wenn auch recht plakativen) Perspektive auf die westliche Konsumkultur findet sich beispielsweise auf dem Cover der Band Aid-Single *Do They Know It's Christmas*, auf dem das Bild zweier äthiopischer Kinder in eine Collage idyllischer Weihnachtsszenerien eingefügt wurde.

In den meisten Fällen lässt sich jedoch erkennen, dass die Hungersnot zwar als Anlass betont wurde, in der inhaltlichen Thematisierung aber eine untergeordnete Rolle spielte. Das gilt sowohl für das Video zu dem genannten Song als auch für die beiden Konzerte und das mediale Begleitmaterial des Festivals. In dem beinahe 200-seitigen Begleitbuch zu den Konzerten kam die Thematik beispielsweise nur an wenigen peripheren Stellen vor. Ein kurzer Text mit der Überschrift „They are the children" war mit Bildern hungernder Kinder

9 Weitere Projekte der 1970er und 1980er Jahre, die sich in diesen Kontext einfügen ließen, sind z. B. das Concert for Bangladesh (1971), die Anti-Apartheid-LP *Sun City* (1985) oder die beiden Benefizkonzerte für Nelson Mandela im Londoner Wembley-Stadion (1988, 1990). Die im Anschluss an Band Aid florierenden Charity-Singles sind ein weiteres Beispiel; vgl. hierzu Lucy Robinson: Putting the Charity back into Charity Singles: Charity Singles in Britain 1984–1995. In: *Contemporary British History* 26,3 (2012), S. 405–425.

und Menschengruppen aus den äthiopischen Flüchtlingslagern illustriert. Dort hieß es u. a.:

> This was what the concert was all about: not about the pulsing, energetic music of rock and roll played by the world's greatest musicians, not about the wonders of technology that spanned the globe and united the continents – but about hunger. About hunger, about drought, about famine. About despair.[10]

Die weiteren Abschnitte des Buchs legten jedoch genau das Gegenteil nahe: Hier ging es fast ausschließlich um die reich bebilderte Darstellung aller teilnehmenden Rockstars und die „wonders of technology", die nötig gewesen waren, um deren Auftritte in London und Philadelphia zu organisieren. Die Dichotomie, die in dem Zitat zum Ausdruck kam, war dennoch charakteristisch: Während die ‚westliche' Welt als aktiv und energiegeladen dargestellt wurde, erschien die Situation in Äthiopien allein von Hunger, Hoffnungslosigkeit und Passivität geprägt. Problematisch war das vor allem, weil nur selten eine Differenzierung zwischen dem konkreten Ereignis der Hungersnot und der sehr viel facettenreicheren Situation in Äthiopien, Afrika oder der gesamten ‚Dritten Welt' angestrebt wurde. Diese Gegenüberstellung zweier Welten kam am nachdrücklichsten in den beiden Bildern auf der Innenseite des Titelumschlags zum Ausdruck, auf denen der Menge der Besucherinnen und Besucher des Live Aid-Konzerts das Bild einer Menschenmasse in einem der Flüchtlingslager gegenübergestellt wurde. (Abb. 2)

Für das Festival selbst lassen sich ähnliche Phänomene erkennen. Betrachtet man die Inszenierung der Konzerte genauer, so lässt sich feststellen, dass die Hungerkatastrophe in Äthiopien nur eine sehr untergeordnete Rolle spielte. Zwar wurde sie über die Spendenaufrufe immer wieder als Ausgangspunkt der Veranstaltung in Erinnerung gerufen; das inhaltliche Programm folgte jedoch fast ausschließlich der Binnenlogik popmusikalischer Mega-Events und ließ wenig Spielraum für eine tiefergehende Beschäftigung. Letztlich blieb die Bezugnahme daher auf einige ikonische Bilder beschränkt, während eine Reflexion politischer oder sozialer Zusammenhänge gerade nicht stattfand.

10 Peter Hilmore: *Live Aid.* London: Sidgewick & Jackson 1985, S. 40.

Abb. 2: Peter Hilmore: *Live Aid*, 1985.

Fazit

Live Aid ist rückblickend oftmals dafür kritisiert worden, dass es ein äußerst eindimensionales Bild von Afrika als „dark continent" gezeichnet habe, das auf der Grundlage einer regionalen Katastrophe etablierte Stereotypen weiter verfestigt habe.[11] In nuce lässt sich diese Dimension schon in Bob Geldofs Beschreibung seiner ersten Konfrontation mit der Thematik über die Amin/Buerk-Reportage der BBC erkennen. Zugleich muss man jedoch konstatieren, dass seine Wahrnehmung durchaus akkurat mit den Schlüsselargumenten und -bildern korrespondierte, auf deren Grundlage die Reportage eine solch große mediale Aufmerksamkeit erreichte.

‚Hunger' erwies sich dabei als ein Themenfeld, das besonders gut für eine mediale und popkulturelle Instrumentalisierung geeignet war. Es ist mit Sicherheit kein Zufall, dass andere Projekte, die sich mit politisch kontroverseren Themen auseinandersetzten – wie beispielsweise dem Apartheid-Regime in Südafrika –, kommerziell weitaus weniger erfolgreich waren.[12] Im Gegensatz hierzu bildete die äthiopische Hungersnot einen emotionalen Identifikationsort, der auf den ersten Blick unpolitisch und moralisch unumstritten war und vermeintlich einfache Lösungsstrategien nahelegte.

Im Spannungsfeld von ‚raising money' und ‚raising awareness' war Live Aid damit eindeutig auf ersteres fokussiert. Hiermit waren die Organisatoren zweifellos äußerst erfolgreich – auch wenn der Effekt, den die Hilfsleistungen auf die äthiopische Gesellschaft hatten, von der Forschung zwiespältig eingeschätzt wird.[13] Zugleich verhinderte

11 Vgl. u.a. T.V. Reed: Famine, Apartheid and the Politics of "Agit-Pop". Music as (Anti)colonial Discourse. In: *Cercles* 3 (2001), S. 96–113; Neal Ullestad: Rock and Rebellion: Subversive Effects of Live Aid and "Sun City". In: *Popular Music* 6 (1987), S. 67–76. In umfassender Perspektive über die Einstellungen gegenüber ‚Entwicklungsländern' in Großbritannien: Voluntary Service Overseas (Hrsg.): *The Live Aid Legacy. The Developing World through British Eyes.* http://www.eldis.org/vfile/upload/1/document/0708/DOC1830.pdf (Zugriff am 12.05.2015).

12 Am deutlichsten ist das anhand der ebenfalls im Jahr 1985 veröffentlichten *Sun-City*-LP zu erkennen, die in der Bezugnahme auf das Regime in Südafrika einen sehr viel politischeren Ansatz verfolgte. Die beiden Londoner Konzerte zu derselben Thematik fokussierten dagegen ganz bewusst auf die Person Nelson Mandelas, um auf diese Weise eine politische Fragestellung in eine individuell-humanitäre zu transponieren.

13 Vgl. zu diesem Komplex u.a. David Gill: *Famine and Foreigners: Ethiopia since Live Aid.* Oxford: Oxford UP 2010. Kritisch hierzu David Rieff, dessen Rezension des Buches zugleich einen eigenen Essay zum Themenfeld bildet, vgl. David Rieff: Abused by Hope. In: *New Republic*, 28.19.2010, S. 36–37. Von Rieff ist zuletzt

jedoch der alleinige Fokus auf den Aspekt des Spendensammelns einen Reflektionsprozess über die intendierten und nichtintendierten Folgen des eigenen Handelns. Die Tatsache, dass zum 30. Jubiläum von Band Aid im Jahr 2014 der ursprüngliche Song mit beinahe identischem Inhalt und Bildsprache erscheinen konnte, spricht dafür, dass dieser Prozess bis heute nicht stattgefunden hat und stattdessen weiterhin auf die Kraft fest etablierter Stereotype vertraut wird.
Mediale Strukturveränderungen wie die Etablierung des Fernsehens als Leitmedium und die Durchsetzung von Mega-Events als neue Veranstaltungsform im Bereich der Popmusik hatten demnach ambivalente Folgen für die mediale Darstellung humanitärer Katastrophen: Auf der einen Seite generierten sie eine zuvor nicht gekannte globale Aufmerksamkeit. Auf der anderen Seite besaßen diese neuen medialen Verbreitungswege aber auch die Tendenz zu einer semantischen und visuellen Simplifizierung, in deren Kontext politische und soziale Zusammenhänge weitgehend aus dem Blick gerieten.

eine umfangreiche Darstellung und Kritik der von ihm als „Philanthrocapitalism" beschriebenen Verflechtungen zwischen Entwicklungshilfezielen und kommerziellen Konzernen und Interessen erschienen. David Rieff: *The Reproach of Hunger: Food, Justice and Money in the Twenty-First Century*. New York: Simon & Schuster 2015.

The Walking Dead und der Hunger nach mehr
Zum Verhältnis von Zombie und Zuschauer

Gregor Balke

> Francine: What the hell are they?
> Peter: They're us, that's all. … When there's no more room in hell.
> *Dawn of the Dead* (USA 1978, R: George A. Romero)

Mit dem Zombie hat sich in den zurückliegenden fünfzig Jahren eine populärkulturelle Figur etabliert, die den unbegrenzten Hunger geradezu verkörpert. Der Zombie frisst immer weiter. Sein Hunger korrespondiert mit einer bedrohlichen Unersättlichkeit. Und es ist ein ‚ewiger Hunger', der offenbar nur ein Ende findet, wenn auch der Zombie endgültig vernichtet wird. Dass der ‚unersättliche Hunger' hier einer kulturellen Figur eingeschrieben ist, die auch noch ‚untot' ist, zeigt gleich in doppelter Hinsicht die paradoxe Semantik, die der Zombie als gesellschaftliche Projektionsfläche bietet.[1]

Nun ist über den Zombie bislang nicht gerade wenig geschrieben worden.[2] Deshalb soll das Phänomen des untoten Wiedergängers hier zum Anlass genommen werden, mit dem Zombie über die Zuschauer nachzudenken, die sich auf ihn einlassen (und die hier in ihrer weiblichen Form selbstverständlich immer mit eingeschlossen sind). Ohne eine geeignete Rezeptionsgruppe käme die Dauererzählung des Zombies schließlich zum Erliegen. Eine der erfolgreichsten Zombie-Erzählungen der Gegenwart ist die US-Serie *The Walking Dead* (AMC, seit 2010). Sie ist zu einer seriellen Narration geworden, die von untoten Menschenfressern handelt und dabei ein Publikum erzeugt hat, das – selbst zur Überraschung der Produzenten und Verantwortlichen im Sender – stetig größer wird und immer mehr davon sehen

1 Die breite und kaum abzuschließende Auslegungsfülle des ‚Untoten' als semantische Pointe wird deutlich bei Markus Metz / Georg Seeßlen: *Wir Untote. Über Posthumane, Zombies, Botox-Monster und andere Über- und Unterlebensformen in Life Science und Pulp Fiction.* Berlin: Matthes & Seitz 2012.

2 Exemplarisch für die breite wissenschaftliche Auseinandersetzung mit dem Zombie und seine zahlreichen kultur- und medienwissenschaftlichen Verweisungen sei hier auf zwei Sammelbände verwiesen: Michael Fürst / Florian Krautkrämer / Serjoscha Wiemer (Hrsg.): *Untot. Zombie Film Theorie.* München: Belleville 2010, sowie Stephanie Boluk / Wylie Lenz (Hrsg.): *Generation Zombie. Essays on the Living Dead in Modern Culture.* Jefferson: McFarland 2011.

will. Der Hunger nach mehr – nach Episoden und Geschichten – hat gerade bei *The Walking Dead* eine Dynamik erreicht, die sinnbildlich ist. Innerhalb der Erzählung ist es der Zombie, der Menschen verschlingt, außerhalb der Erzählung sind es die Zuschauer, die immer mehr Episoden verlangen – womit zugleich ein vielbeobachtetes Phänomen zwischen Zuschauern und Serien im Allgemeinen beschrieben ist. Es sind gleichermaßen Unersättlichkeiten, die hier in einem erstaunlichen Verweisungszusammenhang stehen. Zuschauer und Zombies eint – jedenfalls im Deutschen – nicht nur der Anfangsbuchstabe. Es wird darum lohnend sein, die Deutungspotenziale des Hungers im Sinne einer kulturwissenschaftlichen Heuristik am Verhältnis zwischen Zombie und Zuschauern zu erproben. *The Walking Dead* liefert als Serie über Zombies bildhafte Impulse, um dem unersättlichen Hunger der Zuschauer gewissermaßen ein gleichermaßen fressendes Pendant entgegenzusetzen – und war nicht seit George A. Romero der Zombie immer auch das groteske Zerrbild des Konsumenten?[3] Das wird zu zeigen sein.

Fressen, Konsumieren, Rezipieren – Konturen des Verbrauchs

Der Zombie ist letztlich Gestalt gewordene Gier, die blind allem nachrennt, was konsumiert werden kann. Und das ist aus Sicht des Zombies Menschenfleisch. Die Metapher ist so schlicht wie konsequent, es wird alles unter die zweiwertige Entscheidungsoption gestellt: Kann man es fressen oder nicht? Doch gerade das, was den Hunger ausmacht – nämlich, irgendwann gestillt zu werden –, bleibt dem Zombie verwehrt. Das macht seinen Drang so perfide und den Zombie zu einer grotesken Figur des Populären. Es wundert daher kaum, dass der Zombie als populäre Erscheinung gerade auch im Hinblick auf seine konsumkritische Interpretierbarkeit einiges anzubieten hat. Der Zombie ist Gestalt gewordene Unersättlichkeit: Die

3 Damit sollte auch klar sein, dass es hier um den Zombie geht, wie er seit Romeros *Night of the Living Dead* (USA 1968, R: George A. Romero) als populäre Figur sein Unwesen treibt. Nicht also um jene körperlich Untoten – und tatsächlich auch als Zombies bezeichneten –, die mythologisch und religiös in der kulturellen Geschichte Haitis verwurzelt sind, wo sie als willenlose Arbeitssklaven einem Meister ausgeliefert waren. Vgl. zur allgemeinen Annäherung dazu die knappe Einführung von Gudrun Rath: Zombi/e/s. Zur Einleitung. In: *Zeitschrift für Kulturwissenschaften* 8,1 (2014): Zombies, S. 11–19.

Logik des Konsums wird heruntergebrochen auf ein sinnlos anmutendes Gieren um seiner selbst willen.[4]

Aber Hunger bedeutet ja auch Not, er bedeutet Darben, Mangel und Selbstauflösung – alles Erscheinungen, die dem Zombie seine abstruse wie markante Gestalt verleihen. Sein Wesen ist das Verwesen. Der Hunger nach Menschenfleisch ist dabei sein besinnungsloser Antrieb. Der Zombie hat *immer* Hunger und kann – wiederum paradox – doch nicht verhungern.[5] Aber wer echten Hunger spürt, dem geht manche Wachheit verloren, er wird schlapp, schwach, angreifbar. Der Hunger ist zugleich Antrieb wie Bürde. Oder anders gesagt: Verschlagenheit und Scharfsinn sind dem Zombie fremd, er ‚handelt' weitgehend automatisiert als Mündel seines Fressdrangs, der – und das ist das Fatale – ohne Grenzen scheint. An dieser Stelle berührt die metaphorische Kraft des Zombies längst unsere Gegenwart. Denn das gleiche gilt ja auch für die Konsumkraft des Menschen: Kaufen, Erwerben, Habenwollen – das geht immer. Erst recht in einer Welt,

4 Kapitalismus- und Medienkritik sind daher im Sub-Genre der Zombie-Erzählung stets präsent: Romeros *Dawn of the Dead* stellt die Kapitalismuskritik und damit den Drang zum Konsum filmisch schlicht schon darin heraus, dass die Überlebenden der Zombie-Apokalypse in einer Mall Zuflucht suchen, die auch für die Zombies ein bevorzugter Anziehungspunkt zu sein scheint. In *Dead Set* (GB 2008) – einer britischen Mini-Serie des Senders Channel 4 – ist es das *Big Brother*-Haus, in das sich die Insassen nicht mal mehr flüchten mussten, weil sie schon drin sitzen. Die Kameras laufen zwar noch weiter, doch das potenzielle Publikum wird derweil vor den Toren des *Big Brother*-Hauses Opfer der Zombie-Apokalypse. In der Schlussszene ist es eine zombifizierte Protagonistin, die in eine der Kameras starrt, deren Bild wiederum von allen Monitoren im Aufnahmeraum der Produktionsfirma wiedergegeben wird. Der mediale Kreis schließt sich auf perfide Weise. Die Untote blickt vermittels der Kamera hinaus in die Welt, die nur noch über ein zombifiziertes Publikum verfügt. Die zombifizierten Zuschauer sehen sich gewissermaßen nur noch selbst zu – genau das, was *Big Brother* praktisch zum Unterhaltungsprinzip erhoben hat.

5 Eine eher verspielte Note erhält dieser eigentümliche Hunger des Zombies in der US-Serie *iZombie* (The CW, seit 2015), in der die Protagonistin Liv Moore zur Untoten wird und daraufhin regelmäßig menschliche Gehirne verspeisen muss, um nicht in jenen Verwesungsstatus abzugleiten, den Zombies für gewöhnlich zeigen. Deshalb ist es ihr möglich, weitgehend unbehelligt als Zombie unter Menschen zu leben, auch weil Liv alle menschlichen Züge behält – und eben weil sie ständig Gehirne zu sich nimmt. Deren Zubereitung wird dabei variantenreich in Szene gesetzt. Weil auch andere, inkognito lebende Zombies regelmäßig Gehirne benötigen, entsteht bald ein im Untergrund agierender Lieferdienst, der die begehrte Kost an die von ihrem Hunger Getriebenen verkauft – natürlich zu horrenden Preisen. Der Hunger wird in *iZombie* damit aus Sicht jener gezeigt, die von ihm heimgesucht werden. Sonst kennt die Zombie-Erzählung ja eher die Perspektive der begehrten Nahrungsquelle: uns Menschen.

in der etwa Handy-Spiele oder Tupper-Partys ein Bedürfnis bei den Konsumenten erzeugen, das sie vorher gar nicht hatten.

Romero hatte dem Menschen der Gegenwart ahnungsvoll den Zombie als verstörendes Zerrbild vorgesetzt. Und der Mensch der Gegenwart fand Gefallen an dem, was von nun an seine Bildschirme bevölkern sollte. Der Zombie – aus dem mythologischen Grund haitianischer Erzählungen entstiegen und von der westlichen Populärkultur als wahnhaft konsumierender Menschenfresser umgeschrieben – wurde plötzlich selbst zum Gegenstand des Konsums. Das setzte einen Rezeptionsprozess in Gang, in dem immer mehr Zombie-Erzählungen (und damit Zombies) immer mehr Zuschauern vorgesetzt werden konnten. Mit der vorläufigen Pointe, dass der Zombie, der einst als anklagende Mahnung an uns (unsere Arbeitswelt, unseren blinden Konsum, uns als Kunden, Klienten und Verbraucher) in Szene gesetzt wurde, selbst ein höchst lukratives Produkt geworden ist. Schließlich sind die Zuschauer, die sich auf ihn einlassen, noch einmal Teil einer besonderen und überaus beachteten Konsumentengruppe: Im Moment der Rezeption konsumieren sie Inhalte und Botschaften, die sie etwa über Streaming-Dienste oder die Kabelgebühr erworben haben, die aber mittels Werbung und Produktplatzierungen weitere Konsumtätigkeiten anregen.

Die größte Konsumkraft steckt aber in der Rezeption der Erzählung selbst. Wenn wir heute Fernsehserien oder Filme (mit all ihren Sequels, Prequels, Reboots und Neuinterpretationen im Kino) erleben, ist das die Ausdifferenzierung einer Erzählkultur, die letztlich nur funktionieren kann, weil der Mensch auf Narrative angewiesen ist. Das heißt, wir schauen uns diese massenmedialen Erzeugnisse zwar an, weil sie uns unterhalten – sie unterhalten uns aber nur, weil sie uns als Narrative affizieren. Denn die Zuschauer, wie wir sie heute kennen, verweisen in ihrer Eigenschaft als sehende, wahrnehmende, verstehende und rezipierende Wesen auf jenen kulturellen Kontext, der sie erst zu Zuschauern macht. Erzählung und Mensch-Sein bedingen einander, wenn Wolfgang Müller-Funk sagt, „dass Erzählen nicht nur universal ist, sondern auch […] eine transzendentale Voraussetzung für ‚Kultur' darstellt."[6] Und weiter: „Es gibt keine stummen kulturellen Entitäten, höchstens verschwiegene, und das heißt

6 Wolfgang Müller-Funk: *Die Kultur und ihre Narrative. Eine Einführung.* 2., überarb. u. erw. Aufl. Wien / New York: Springer 2008, S. VII.

aber auch: es gibt *per definitionem* keine Kulturen ohne Erzählungen und Erzählen."[7] Mit Wilhelm Schapp wird deutlich, dass wir immer schon in Geschichten verstrickt sind. Die Geschichte „lässt sich nicht als Gegenstand untersuchen, weil etwas Geschichte nur insoweit ist, als ich in die Geschichte verstrickt bin."[8] Das Verhältnis des Menschen zu sich und seiner Kultur wird demnach nur über Narrationen greifbar, die wiederum biografisch, historisch oder fiktional angelegt sein können. Das heißt mit anderen Worten,

> dass sich das Menschsein erschöpft im Verstricktsein in Geschichten, dass der Mensch der in Geschichten Verstrickte ist. Wenn wir uns, d. h. wenn jeder von uns sich nun auf sich selbst besinnt, so finden wir, dass wir von jeher in Geschichten verstrickt sind. Wir werden dabei vergebens Ausschau halten nach einer ersten Geschichte. Die Geschichten verlieren sich im Horizont. Wir können aber soviel sagen, dass wir uns nur an Hand von Geschichten in diesen Horizont hineintasten können. Nur Geschichten können nach rückwärts die Fortsetzung von Geschichten bilden.[9]

Wie der Hunger als Selbsterhaltungstrieb ist der Drang nach Geschichten in uns angelegt. Über Geschichten erfahren wir überhaupt nur die Welt als sinnvoll, ordnen sie und sind fähig, Unterscheidungen zu treffen. Unterscheidungen, die als Erinnerung/Nicht-Erinnerung gerade retrospektiv darüber bestimmen, welche Narration (vom Leben, von Ereignissen, von Entscheidungen und eben auch von populären Bildern) wir uns und anderen erzählen – und damit letztlich über diese Erzählungen Kulturen schaffen.[10]

The Walking Dead – Eine Zombie-Serie und ihr Publikum

Seit Mitte des 20. Jahrhunderts erzählen eben auch Fernsehserien Geschichten und öffnen den massenmedialen Raum für immer neue Verstrickungen des Menschen in seine Geschichten. Die Fernsehserie fügt sich in eine massenmedial organisierte Erzählkultur, die nicht umsonst einer ökonomisch ausgerichteten Welt entstammt. Sie ist also Ergebnis dessen, was Theodor W. Adorno und Max Horkheimer als

7 Müller-Funk: *Die Kultur und ihre Narrative*, S. 19, Herv. i. O.

8 Wilhelm Schapp: *In Geschichten verstrickt. Zum Sein von Mensch und Ding*. Frankfurt am Main: Klostermann 2004, S. 85.

9 Ebd., S. 123.

10 „Kultur ist ein vom Standpunkt des Menschen aus mit Sinn und Bedeutung bedachter endlicher Ausschnitt aus der sinnlosen Unendlichkeit des Weltgeschehens" (Max Weber: Die „Objektivität" sozialwissenschaftlicher und sozialpolitischer Erkenntnis. In: Ders.: *Gesammelte Aufsätze zur Wissenschaftslehre*. Tübingen: Mohr 1988, S. 146–214, hier S. 180).

,Kulturindustrie' bezeichneten (und bekanntlich auch kritisierten).[11] Hier werden die populären Erzählungen der Gegenwart geschaffen – mit dem Ziel, einen möglichst großen Konsumentenkreis zu erreichen. Die Begriffe ,Fernsehkonsum' oder ,Serienkost' verweisen sicher nicht umsonst auf semantische Felder, die auch den Topos des Hungers berühren. Dass wir dabei zudem noch von ,Geschmack' sprechen, wenn es um Serien oder Filme geht – abfällig ist dann gerne von ,Massengeschmack' die Rede –, verleiht der Analogie eine weitere semantische Dimension, die ebenfalls auf den Hunger verweist.

Die Serie *The Walking Dead*[12] – basierend auf der gleichnamigen Comic-Reihe (seit 2003) von Robert Kirkman – ist ein exemplarischer Fall dafür, wie ein auf Fortsetzung getrimmtes Stück Populärkultur immer größeres Verlangen erzeugt. Und zwar sowohl bei den Zuschauern nach mehr Episoden als auch bei den Produzenten nach mehr Werbekunden. *The Walking Dead* wurde 2010 mit einer großangelegten Marketingkampagne des US-Senders AMC – einem Basic Cable Channel, der von einem überwiegenden Teil der amerikanischen Haushalte empfangen werden kann – angekündigt. Mit Erfolg: Seit der ersten Staffel steigen die Einschaltquoten stetig. Zum Auftakt der fünften Staffel wurde mit 17,3 Millionen Zuschauern ein neuer Rekord im amerikanischen Kabelfernsehen gefeiert.[13] Der Hunger – um im Bild zu bleiben – wurde also nicht nur erzeugt, sondern von Staffel zu Staffel sogar noch gesteigert (und zwar in

11 Vgl. Theodor W. Adorno / Max Horkheimer: *Dialektik der Aufklärung. Philosophische Fragmente.* Frankfurt am Main: Fischer 2010; Theodor W. Adorno: Résumé über Kulturindustrie. In: Ders.: *Gesammelte Schriften*, Bd. 10.1: Kulturkritik und Gesellschaft I, hrsg. v. Rolf Tiedemann. Frankfurt am Main: Suhrkamp 2003, S. 337–345.

12 Was *The Walking Dead* als Serie ausführt, ist ja nur die Weiterführung der Zombie-Apokalypse innerhalb *einer* kohärenten Erzählung. Im Grunde handelt es sich dabei um eine Dauererzählung, die mit Filmen wie *White Zombie* (USA 1932, R: Victor Halperin) oder *I Walked with a Zombie* (USA 1943, R: Jacques Tourneur) noch mit Bezug auf die religiösen Wurzeln des Zombies begann und – erheblich modifiziert und variiert – immer weiter erzählt wird, seit der Zombie die Populärkultur mit seiner Anwesenheit infiziert hat. Ein populärkultureller Output, der sich ohne George A. Romero – auf dessen genealogischen und kinematographischen Pfaden auch *The Walking Dead* fortgeschrieben wurde – nicht angemessen verstehen lässt.

13 Vgl. die Zahlen des Branchendienstes TV by the Numbers: http://tvbythenumbers.zap2it.com/2014/10/13/the-walking-dead-season-5-premiere-hits-series-highs-in-adults-18-49-viewers/313670/ (Zugriff am 10.03.2015). Die Einschaltquoten sind übrigens derart überwältigend, dass selbst *Talking Dead* (AMC, seit 2011) – ein Talk-Format, bei dem im Anschluss an eine *The Walking Dead*-Episode das Gesehene mit wechselnden prominenten Gästen diskutiert wird – höhere Zuschauerzahlen aufweist als manche Serien auf den etablierten Networks.

bislang 125 Ländern).[14] Mit *Fear the Walking Dead* (seit 2015) hat AMC inzwischen ein Spin-off konzipiert, das auf die bereits etablierten Zuschauerpotenziale zielt und das Serienuniversum zugleich um eine nächste Narrationsebene erweitert. Und es liegt ja im Wesen der Fernsehserie als Genre, genau dieses Steigerungspotenzial narrativ auszuschöpfen. Das gilt insbesondere für die neuen sogenannten Qualitätsserien: „Hier wird nicht eine Geschichte immer wieder erzählt, hier wird eine Geschichte immer weiter erzählt."[15]

Worum es in *The Walking Dead* geht, ist dennoch schnell erzählt: Die Handlung setzt nach einer Zombie-Apokalypse ein. Die Zuschauer begleiten eine Gruppe Überlebender, die sich in der Metropolregion von Atlanta durchzuschlagen versucht und dabei immer wieder auf andere Überlebende trifft, die entweder feindselig oder wohlgesinnt sind. Die Zombies selbst bilden den steten Bedrohungshintergrund für alle Überlebenden, denn es geht oft mehr um zwischenmenschliche Konflikte als um den eigentlichen Kampf gegen die Untoten (die in der Serie übrigens nur ‚biters' oder ‚walkers' genannt werden, womit die Erzählung – wie so oft in diesem Genre – jede begriffliche Anknüpfung an den Zombie-Mythos kappt und damit praktisch eine Welt schafft, in der von Zombies noch niemand etwas gehört hat. Paradox genug: Ausgerechnet in dieser Welt wimmelt es von Zombies). Die Zombie-Apokalypse ist in *The Walking Dead* letztlich eine dramaturgische Prämisse, um Moral (samt deren Erosion), normative Maßstäbe und soziale Aushandlungsprozesse im Mikrokosmos einer Kleingruppe unter extremen Bedingungen auszuloten. Oder anders formuliert: Die Serie nimmt zuweilen Züge einer Zombie-Soap an. Und damit wären wir wieder bei den Zuschauern und ihrem Drang nach mehr Episoden. Denn der Soap-Charakter ist ja durchaus im Sinne der Produzenten (und damit Werbekunden), die die Zuschauer von Cliffhanger zu Cliffhanger – dem narrativen Scharnier der seriellen Fortsetzung – treiben und mit jedem Episoden-Ende das Verlangen nach der nächsten Folge steigern.

Während also innerhalb der Erzählung die Zombies ihrem unbändigen Hunger nachgehen und von den Protagonisten gefürchtet oder

14 Pressemitteilung Fox International Channels: http://foxinternationalchannels.com/press/the-walking-dead-season-5-premieres-worldwide-just-24-hours-after-us-broadcast (Zugriff am 10.03.2015).

15 Ivo Ritzer: *Fernsehen wider die Tabus. Sex, Gewalt, Zensur und die neuen US-Serien.* Berlin: Bertz + Fischer 2011, S. 10.

durchbohrt werden, giert eine Millionenschar Zuschauer außerhalb der Handlung nach immer mehr Erzählstoff. Es handelt sich um einen erstaunlichen Verweisungszusammenhang, der in phänomenologischer Hinsicht zum Vergleich zwischen Zombies und Zuschauern einlädt.[16] Denn beide weisen frappierende Ähnlichkeiten auf, die freilich metaphorisch sind, aber gerade deswegen kulturwissenschaftlich fruchtbar ausgelegt werden können: die Fokussiertheit auf eine bestimmte Sache, das Affektive in der Wahrnehmung der (Serien-)Welt, der unbändige Hunger nach mehr (Fleisch oder Episoden); und nicht zuletzt sind Zombie und Zuschauer soziale Metaphern, die letztlich asoziale Figuren der Gesellschaft darstellen – der Zuschauer temporär für den Moment der Rezeption, die ihn aus allem Geschehen heraushält, manchmal für Tage; der Zombie für immer, oder bis ihn ein Stoß durch seinen Schädel erlöst. Phänomenologisch erweist sich der Zuschauer als gleichermaßen eindimensionale Gestalt, die in dem typischen Bild eines passiv dreinstarrenden Menschen auf der Couch eindrücklich zum Klischee geworden ist.[17] In *World War Z* (USA 2013, R: Marc Forster) – einem weiteren populären Zombie-Film unserer

16 Ein Vergleich übrigens, der in *The Walking Dead* noch einmal auf drastische Weise provoziert wird, wenn in der Serie auch Menschen vorkommen, die Menschenfleisch verzehren. Ihr Kannibalismus macht sie dem Zombie um eine höchst bedeutsame Eigenschaft ähnlicher; im Konsum sind sie bereits einander gleich – und man fragt sich, was schlimmer ist: der willenlos fressende Untote oder der bewusst agierende Kannibale.

17 Den Zombie als phänomenologische Referenz für die Zuschauer heranzuziehen, zielt dabei vor allem auf die Bildsemantik, die beide evozieren. Es versteht sich daher von selbst, dass Zombies und Zuschauer hier nicht leichtfertig im Sinne ihres kognitiven und intellektuellen Vermögens gleichgesetzt werden. Gerade Serien stehen ja inzwischen für einen neuen ästhetischen und qualitativen Anspruch, der von einem auf kulturelle Distinktion zielenden und zum Teil äußerst medienkritischen Publikum goutiert wird. Viele Zuschauer konsumieren ‚ihre' Serien also sehr bewusst und setzen sich mit der seriellen Erzählung tiefgreifend auseinander – verhalten sich also ganz anders als Zombies in Bezug auf ihre Fleischesgier. Aber auch ein höchst reflektierter Zuschauer kann sich dem schlichten Akt der Rezeption selbst schwerlich entziehen und entwickelt zwangsläufig einen Habitus, der mit seinen Sehgewohnheiten korrespondiert. Mit Pierre Bourdieu lässt sich hier von Hexis als physischer Ausprägung des Habitus sprechen. Im Modus des Zuschauens – zweitrangig ob nun vor dem Fernseher oder am Laptop – nimmt der Rezipient eine bestimmte Körperhaltung ein, die darauf angelegt ist, eine oder mehrere Stunden einem audiovisuellen Erzählstrom aus nächster Entfernung mehr oder weniger passiv zu folgen. Oder anders gesagt: Allein die Hexis des Rezipienten würde kaum Aufschluss darüber geben, ob da jemand gerade *The Wire* oder *Jane the Virgin* schaut. Vgl. zum Begriff Hexis Pierre Bourdieu: *Sozialer Sinn. Kritik der theoretischen Vernunft.* Frankfurt am Main: Suhrkamp 1987, S. 129.

Tage – sagt einer der Wissenschaftler über die merkwürdig ruhig agierenden Zombies: „Sie befinden sich im Ruhezustand. Sie warten auf einen Handlungsimpuls." Ein Satz, der auch so manchen Fernsehzuschauer trefflich beschreiben dürfte. Doch nicht nur der Einzelne vereint auf sich gleichlautende Attribute von Zombies/Zuschauern/Konsumenten, auch in großer Zahl lassen sich Ähnlichkeiten ausmachen. Zombies treten erfahrungsgemäß in Massen oder Horden auf und scheinen keine je individuelle Verbindung untereinander zu haben; Zuschauer treten – in der nachträglich erhobenen Einschaltquote – ebenfalls in Massen in Erscheinung, befinden sich aber verstreut in verschiedenen Haushalten. Als individueller Konsument zählt ein Zuschauer ebenso wenig wie ein einzelner Zombie, der allein umher irrend oft nur lächerlich wirkt (das Genre hat dafür zahllose Bilder gefunden). Erst die jeweilige Masse lässt die Bedrohung bzw. die Einschaltquote relevant werden.

Und vor allem treibt beide ein relativ eindimensionaler Hunger an. Hunger bedeutet letztlich ein äußerst pragmatisches Bewusstsein, das die Welt in die fundamentale Dualität essbar/nicht essbar einteilt. Alles wird auf seine Verwertbarkeit hin geprüft. Die Welt besteht plötzlich nur noch aus *einer* Unterscheidung. Die Aufmerksamkeit verschiebt sich grundlegend, wenn der Hunger das Zepter der Wahrnehmung führt. Auch das ist eine Analogie, die bei den Zuschauern bestens passt, wenn sie auf der unerbittlichen Suche nach Erzähl- und Unterhaltungsstoff zappend durch die Kanäle jagen. Aufmerksamkeit ist ein hohes Gut, das sich Sender und Werbekunden einzuverleiben suchen. Deswegen platzieren sie gute Geschichten um ihre Werbeblöcke herum; sie locken die Zuschauer geradezu in ihren Distributionskanal, und sind sie einmal da, füttern sie sie möglichst über viele Staffeln und Jahre. Jeder Tag der Erstausstrahlung ist ein Tag, an dem die Zuschauer wie zum Trog gehen und alles andere um sich herum zur Zweitrangigkeit degradieren. „Jetzt nicht, der *Tatort* läuft", ist sicher ein Satz, der als Gesprächsfetzen eine bundesdeutsche Realität an einem Sonntag ganz gut abbildet – es ist ein Satz, der frei adaptierbar für eine Fülle von Serien und Sendungen gelten dürfte.[18] Das Bild

18 Im Zeitalter von Mediatheken und Streaming-Diensten wie Netflix, Amazon Video oder Hulu verändern sich natürlich die Sehgewohnheiten. Der Konsum ist nun immer weniger an eine exakte Terminierung gebunden, vielmehr wird der Rezeptionsakt zeitlich völlig frei für die Zuschauer einteilbar. Die Freiheit, eine gesamte Staffel nun in einem Rutsch zu schauen, ist allerdings tückisch, schließlich

des Zuschauers auf der Couch ist dabei nur die (bislang) letzte Imagination der fortgeschrittenen gesellschaftlichen Entwicklung einer ‚Kultur der Narrative'. Vor der „Erzählmaschine Fernsehen"[19] stillen die Zuschauer ihren Hunger nach Erzählungen, hier erscheint „*das Tier, das Geschichten verschlingt*"[20]. Womit wir metaphorisch wieder beim Zombie wären.

Das Ende der Furcht als Beginn der Erzählung – Narrative als Existenzbedingung

Die Zuschauer als Konsumenten sind also jene, die sich einer seriellen Erzählung ausliefern. Das ist keineswegs so banal, wie es klingt. Denn für den Menschen als Verstrickten in Geschichten, wie Wilhelm Schapp es ausdrückt, ist das Ende des Lebens zugleich das Ende der Erzählung. Das verleiht jeder Erzählung – und Erzählbarkeit überhaupt – eine existenzielle Pointe. In der Zombie-Erzählung erscheint

bleibt der Anspruch bestehen, möglichst bald die jeweils neuesten Episoden gesehen zu haben. Aus mindestens zwei Gründen: Einerseits um frühzeitig möglichen Spoilern zu entgehen, andererseits um mitreden zu können im Freundes- und Bekanntenkreis, schließlich gilt weiterhin der Anspruch des ‚must see' – und zwar je nach sozialem Milieu und gesellschaftlichem Umfeld entweder den *Tatort* am Sonntagabend oder eine brandneue Staffel *House of Cards* bei Netflix. Aufgrund der dauerhaften Verfügbarkeit erfährt der einstige Ausruf „Jetzt nicht, meine Serie läuft" eine semantische Verschiebung hin zu „Nicht an diesem Wochenende, da kommt die neue Staffel raus". Was früher die Erstausstrahlung im Fernsehen war, ist nun die weltweite Serien- oder Staffelpremiere. Auch die stete Verfügbarkeit der Serie bedeutet weiterhin die temporäre Unverfügbarkeit der Zuschauer für ihr soziales Umfeld – allein Zeitpunkt und Zeitraum lassen sich flexibler wählen. Zu den komplett zur Verfügung gestellten Staffeln mit zum Teil 13 Stunden Erzählzeit kommt dabei noch die Gesamtentwicklung, die bei der Serien-Produktion offenbar gerade die sogenannte Ära des Peak TV erreicht hat. Noch nie wurden so viele Serien produziert wie 2015. Mit 409 Shows allein in diesem Jahr hat sich der Output an fiktionaler Ware innerhalb der letzten sechs Jahre nahezu verdoppelt, vgl. http://www.latimes.com/entertainment/envelope/cotown/la-et-ct-2015-peak-tv-new-record-409-original-series-20151216-story.html (Zugriff am 21.12.2015). Serienkonsumenten sind praktisch nie bedürfnislos, immer gibt es etwas, das sie noch nicht gesehen haben. Eben diese nie erlangbare Bedürfnislosigkeit macht ja auch den Zombie zu einem Wesen, für das der eben frisch verzehrte Kadaver nie der letzte ist. Entscheidend ist nicht, wann und in welchem zeitlichen Takt Serien rezipiert werden, entscheidend ist, dass sie auf Fortsetzung hin angelegt sind und im Modus des ‚Immer weiter' funktionieren.

19 Knut Hickethier: Das Fernsehspiel oder Der Kunstanspruch der Erzählmaschine Fernsehen. In: *Geschichte des Fernsehens in der Bundesrepublik Deutschland*, Bd. 2: Das Fernsehen und die Künste, hrsg. v. Helmut Schanze / Bernhard Zimmermann. München: Fink 1994, S. 303–348, hier S. 305.

20 Barbara Sichtermann: *Fernsehen*. Berlin: Wagenbach 1994, S. 94, Herv. i. O.

das existenzielle Moment freilich wenig subtil, weil den Protagonisten ständig der Tod bzw. der Untod droht. Aus Sicht der Rezipienten ist die Sache ebenso klar: Ihr Ableben beendet naturgemäß auch den Drang nach mehr Geschichten.[21] Aber keineswegs umgekehrt: Das Ende der Erzählung hinterlässt vielmehr ungestillten Hunger, der immer neue Narrative sucht. Zombie-Narrative streifen dabei ein Paradox: Die Erzählung kreist um das Ende jeder sozialen und menschlichen Erzählbarkeit überhaupt; es geht ums Überleben der Menschheit – eine Welt ohne Menschen und voller Zombies könnte keine Erzählung mehr hervorbringen, sie böte eine Geschichte ohne Plot. Wir wissen nicht, wie *The Walking Dead* enden wird, aber das Genre hat dem Happy End nicht gerade zu neuem Ruhm verholfen. Eine Zombie-Apokalypse, in der die Menschen die Zombies besiegen, hat die populäre Erzählung nicht vorgesehen. In der Zombie-Erzählung endet allenfalls der Mensch, bevor die Geschichte zu Ende ist.[22] So wie der Zombie innerhalb der Erzählung hungrig weiterzieht, müssen auch die Zuschauer im Moment des Abspanns nach einer neuen Erzählung Ausschau halten.

Und schließlich: Auch wenn der Hunger nach mehr Erzählungen letztlich nie gestillt werden kann, so heißt ihm nachzugeben dennoch, einer allgemeinen Bedrohung Einhalt zu gebieten. Mit Erzählungen und Bildern bringt der Mensch von Anfang an Ordnung in die Welt und macht sie ein Stück weit zu seiner Welt, eignet sie sich kulturell an. „Der *homo pictor* ist nicht nur der Erzeuger von Höhlenbildern für magische Jagdpraktiken, sondern das mit der Projektion von Bildern den Verlässlichkeitsmangel seiner Welt überspielende Wesen."[23] Hans Blumenberg weist dem Mythos damit die Funktion zu, „die numinose Unbestimmtheit in die nominale Bestimmtheit zu überführen und das Unheimliche vertraut und ansprechbar zu machen."[24]

21 Denken wir hier nur an das – meist im Krimi aufgegriffene – Bild des Toten, der beim Fernsehen verschieden ist. Das Fernsehbild flimmert unaufhörlich weiter, während der Mensch der Erzählung nicht mehr folgen kann, weil ihm sein eigenes Ende dazwischenkam.

22 In *The Walking Dead* ist der Tod allerdings keine Erlösung, vielmehr ist jeder Mensch nach seinem Ableben – wohl aufgrund eines Virus – dazu verurteilt, als Untoter in der Welt zu bleiben (so er denn nicht von einem Mitmenschen zuvor erlöst wird). Jeder Mensch in *The Walking Dead* ist also ein zukünftiger Zombie.

23 Hans Blumenberg: *Arbeit am Mythos*. Frankfurt am Main: Suhrkamp 2006, S. 14, Herv. i. O.

24 Ebd., S. 32.

„Geschichten werden erzählt, um etwas zu vertreiben. Im harmlosesten, aber nicht unwichtigsten Falle: die Zeit. Sonst und schwererwiegend: die Furcht.“[25] „Auf einen Satz gebracht: Die Welt verliert an Ungeheuern.“[26] Was im Falle der Zombie-Erzählung eine zusätzliche semantische Pointe birgt, weil hier ja immer mehr ‚Ungeheuer‘ hervorgebracht werden. Blumenbergs Gedanken weiterdenkend heißt das, die Welt mag vielleicht ihre Ungeheuer verlieren, die Erzählwelt hingegen bringt stets neue hervor. In der Gestalt des Zombies kehren die ‚Ungeheuer‘ durch die mediale Hintertür wieder. Ihre Bedrohlichkeit ist nicht zuletzt deshalb so perfide, weil sie dabei an ebenjene erinnern, die sich das alles anschauen: die Zuschauer selbst.

Von der Zombie-Apokalypse im Besonderen zu erzählen, bedeutet deshalb immer auch, die Kontrolle über die Welt zu bewahren. Allein weil die Zombie-Apokalypse auf dem Fernsehschirm der indirekte Beweis ihres (bis dahin jedenfalls) faktischen Ausbleibens ist: Wer *The Walking Dead* sieht, dürfte alle möglichen Sorgen haben, die Ankunft der Untoten gehört nicht dazu. Es ist also nicht nur der unbekümmerte (weil wohlstandsgesellschaftliche) Drang nach mehr Geschichten, um sich die Zeit zu vertreiben, sondern offenbar auch ein nicht zu unterschätzendes Moment anthropologischer Notwendigkeit, in der populären Erzählung (die einst im Mythos ihren Anfang nahm) die Ungewissheit zu bannen.[27] Insofern ist der Hunger nach Geschichten tatsächlich keine zu weit hergeholte Analogie zum Hunger nach Nahrung: Der Mensch muss essen, um nicht zu sterben; er muss Geschichten erzählen und hören, um Kultur zu haben – und es dürfte nicht wenige Auffassungen geben, die Kultur als notwendig dafür erachten, überhaupt vom Menschen als solchen zu sprechen.[28] Dass dann innerhalb der immens großen menschlichen Kultur irgendwann auch

25 Ebd., S. 40.

26 Ebd., S. 127.

27 „Jede Kultur hat mit *zwei* Kreisen der Angst zu kämpfen: den Ängsten des Menschen vor dem Menschen und vor dem Nicht-Menschlichen.“ (Hartmut Böhme: Leibliche und kulturelle Codierungen. In: ZDF-nachtstudio (Hrsg.): *Große Gefühle. Bausteine menschlichen Verhaltens*. Frankfurt am Main: Suhrkamp 2000, S. 214–239, hier S. 224, Herv. i. O.) Im Zombie kommt beides auf bizarre Weise zusammen.

28 Und natürlich gilt für Nahrung wie für Geschichten auch: Wer sich damit versorgt weiß, leidet weniger Not. Wenngleich betont werden muss: Zuerst geht den Menschen in der Not die Nahrung aus, dann erst erschöpfen sich ihre Erzählungen (von besseren Zeiten beispielsweise). Also auch in existenzieller Bedrängnis bleiben Hunger und Narrativ als körperliche bzw. geistige (kulturelle) Bedürfnisse dem Menschen wohl bis zum Ende höchst gegenwärtig.

eine Erzählung auftaucht, die den Untoten als populäre Figur kultiviert, wundert kaum. Untot und schamlos fressend – der Zombie ist gewiss nicht zufällig in unserer Medien- und Wohlstandsgesellschaft zu populärer Größe erwachsen.

Im Zerrbild des Zombies, der von einem Opfer zum nächsten kriecht und geht, wird das Wesen der Zuschauer greifbar, die wiederum von Episode zu Episode fortschreiten. Als Konsumenten einer gerade auch auf Fortsetzung angelegten Erzählung sind sie ohnehin einem prinzipiell nie endenden Erzählraum ausgesetzt. Wären alltägliche Verpflichtungen, Müdigkeit oder schlicht die eigene Endlichkeit nicht vorhanden, die Zuschauer könnten immer weiter schauen. Der Streaming-Dienst Netflix hat genau diesen Drang zum Distributionsprinzip erhoben und veröffentlicht seine selbst produzierten Serien gleich komplett, für alle Abonnenten verfügbar. Dann liegt es bei den Konsumenten, ob sie nur häppchenweise zuschlagen oder sich 13 Stunden Serienmaterial am Stück einverleiben. Aber egal welche Strategie sie wählen, der Hunger bleibt. Und damit zugleich das zutiefst menschliche und letztlich unstillbare Begehren nach immer mehr Unterhaltung und Erzählstoffen.
Gerade eine Zombie-Serie wie *The Walking Dead* betont diesen Hunger in doppelter Weise: Zum einen, weil die serielle Struktur der Erzählung das Verlangen derart vorantreibt, dass mit dem Ende jeder Episode der Beginn der neuen ersehnt wird; zum anderen, weil sie einen Erzählraum eröffnet, der mit den umherwandelnden Zombies eine Metaphernfülle der Unersättlichkeit evoziert. In *The Walking Dead* erlangt der Hunger nach immer mehr eindrückliche Gestalt in bewegten Bildern von Zombies, deren Bedrohung zum Faszinosum und damit zum Auslöser für immer mehr Geschichten bei den Zuschauern wird. Ein Hunger, der offenbar nur mit dem Ende desjenigen aufhört, der ihn hat und von ihm getrieben ist – auch das gilt für Zombies wie Zuschauer gleichermaßen.

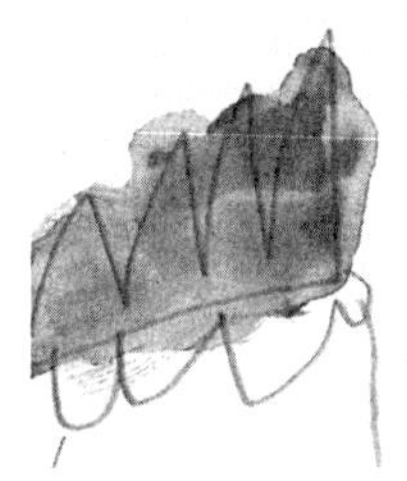

Warum Prinzessin, jetzt?

Ein Kommentar zu *Nebulosa* 07/2015 von Christiane König

Dass es sich bei ‚Prinzessin' um eine Figur des Sozialen handelt, leuchtete mir umgehend ein, als ich von den Herausgeber*innen der *Nebulosa* gefragt wurde, freundlicherweise einen Kommentar zur gleichnamigen Ausgabe zu verfassen. Die für mich spannende Frage dabei war gerade, in welchem Verhältnis die Figur der Prinzessin zum Sozialen steht, insbesondere heutzutage. Die von den Herausgeber*innen gewählte Form des Editorial, einen digitalen Algorithmus einer bekannten Suchmaschine, also einen Googleism zu verwenden, erschien mir extrem clever. Die 76 Einträge mit Zugriff vom 2. Juni 2015 sind so vielfältig bezüglich dessen, was eine Prinzessin ist oder was sie tut, was sie kann, wie sie wahrgenommen, produziert, kommodifiziert, verwertet und instrumentalisiert wird. Dabei öffnet der Index, der auf seine potenziell endlose Erweiterbarkeit selbst verweist, einen zugleich komplexen, jedoch nicht vollständig beliebigen Raum hin zu folgenden Bereichen: zum Politischen, zum Ökonomischen, zum Kulturellen und, ja, zum Sozialen eben. Wie andere Figuren des Sozialen bildet die Prinzessin offenbar einen diskursiven Punkt, an dem sich im sozialen Gewebe verschiedene Begehren und Wissensarten aufs Widersprüchlichste überkreuzen. In der anderen Perspektive betrachtet, steckt in der Figur der Prinzessin auch das Potenzial, durch die unterschiedlichsten Praktiken unter den verschiedensten begehrenstechnischen und polit-ideologischen Vorzeichen hervorgebracht zu werden.

Von nicht zu überbietender Evidenz scheint auf den ersten Blick ‚Weiblichkeit' für die soziale Figur der Prinzessin zu sein. Diese Grundbedingung wird auch in den fünf Artikeln und der künstlerischen Arbeit dieser Ausgabe sehr deutlich. Man hat also vom ersten Wort an, von dem man über die Prinzessin schreibt, zwangsläufig das Thema ‚Geschlecht' an der erkenntnistheoretischen Backe sowie alles, was damit verbunden ist: Geschlechterdifferenz, Geschlechteridentitäten, Geschlechterordnung, Geschlechterasymmetrien, womöglich auch noch Sexualitäten. An der dichotomen Anordnung arbeiten sich alle Artikel mit großer Mühe ab. Entweder, indem sie die asymmetrische

Binarität kritisieren (Rainer Emig)[1], sie grundsätzlich im gendertransitiven Sinn zu überwinden suchen (Christel Baltes-Löhr)[2] oder indem sie den genderexklusiven Raum von Weiblichkeit untersuchend durchqueren, um seine teilweise historischen, teilweise aktuellen, jedoch stets vielfältigen Potenziale zu eruieren: kritischer Blick auf die sozialen Stratifizierungen von Frauen (Marija Skara)[3], liberales, pluralistisches, zugleich meritokratisches Gesellschaftsideal qua weiblicher Gemeinschaft (Tamara Werner / Aleta-Amirée von Holzen)[4], weibliches Empowerment (Jan Henschen)[5], weibliche Fähigkeit zur Selbstreflexion mittels (technischer) Medien (Thomas Küpper)[6].

Da es sich bei der Prinzessin auch immer um eine Figur mit einer konkreten historisch-generativen Funktion handelte bzw. handelt, also einer politisch definierten Position innerhalb eines realen monarchistischen Machtgefüges, muss man sich bei der Beschäftigung mit ihr zugleich stets Gedanken über Gesellschaftsformationen und die darin gegebenen oder sich – durch Revolutionen oder auch Reformationen – verändernden Machtverhältnisse machen. Der historische Blick zeigt vermeintlich, dass die Figur als *Frau* innerhalb patriarchaler Gesellschaftsverhältnisse von Monarchien oder Kaisertümern wenig Spielraum (Emig) hatte, während sie bei der Ablösung durch bürgerliche Gesellschaften im 19. Jahrhundert in den Gesellschaften des Globalen Nordens mehr und mehr als *politische Institution* ihre Macht, ja sogar teilweise ihr Leben verlor.

Gesellschaftspolitisch betrachtet, wird zugleich ihre etwas *shaky position* im Rahmen der Dichotomie von öffentlich und privat evident. Als Prinzessin einer Monarchie hatte sie in der öffentlichen, politischen Sphäre ihren festen Platz und politische *agency*. In bürgerlichen Industrie-, später Konsumgesellschaften mutiert sie zur politisch

1 Rainer Emig: Warum Prinzessinnen keine Königinnen sind. Prinzessinnen in der englischsprachigen Literatur und Kultur. In: *Nebulosa* 07 (2015), S. 13–27.

2 Christel Balthes-Löhr: „Ich schmeiß jetzt alles hin und werd Prinzessin". Zur Wirkmächtigkeit einer Symbolfigur im 21. Jahrhundert. In: Ebd., S. 29–51.

3 Marija Skara: Ah du armes Prinzessin. In: Ebd., S. 53–61.

4 Tamara Werner / Aleta-Amirée von Holzen: Becoming a Magical Pony Princess. Die Neuinterpretation der Prinzessinnenfigur als Identifikationsangebot. In: Ebd., S. 65–80.

5 Jan Henschen: Prinzessin Fantoche. Arnold Höllriegels Erzählung einer Selbstermächtigung zwischen Detektivgenre und Kinoreform. In: Ebd., S. 81–93.

6 Thomas Küpper: „Die Bettelprinzeß". Von Courths-Mahler zu Hella von Sinnen. In: Ebd., S. 95–104.

Entmachteten, die aber dann ihren *life style* öffentlich verbreitet und vermarktet und so ihren festen Platz als *celebrity* neben anderen Prominenten und Stars im öffentlichen Leben einnimmt. Die Grenze zwischen öffentlich und privat hat sich aber auch schon dahingehend verschoben, dass bereits um 1900 Frauen aus allen möglichen Schichten, inklusive Migrantinnen, arbeiten und somit ihre Existenz finanziell unabhängig und daher selbständig führen können. Dass die Prinzessin, wie Filmstars, somit zum *role model* werden kann, ist also paradoxerweise auch das Ergebnis nicht nur von Konsumgesellschaften mit ihren Medientechnologien, sondern von veränderten Selbstverständnissen von Frauen in modernen (Konsum- und Medien-)Gesellschaften.
Gerade der Artikel von Henschen entbirgt dieses Spannungsverhältnis, das sich innerhalb der Figur der Prinzessin als ‚realer' Person, als fiktionaler Figur, als Rolle, als Star und als Identifikationsfigur bereits um die Jahrhundertwende auftut. Denn im, so Henschen, für diese Zeit wechselseitig konstitutiven Verhältnis von Realität und Medienwelt, von Kulturindustrie und Politik, macht sich die weibliche Hauptfigur zwar das Changieren zwischen Realität und Medienfiktion in *full sight* für die Zuschauer*innen zum Gewinn der Macht über Industrie und Regierungen zunutze, um aber schlussendlich innerhalb der Narration als enthüllte ‚wahre' Prinzessin in der privaten, heterosexuellen und familialen Versenkung zu verschwinden – sie nutzt ihre Macht also letztlich nicht für größeren politischen Einfluss und schon gar nicht für eine Umwälzung gesamtgesellschaftlicher Verhältnisse. Sie macht aber auch, wie dies für die Stars der Zeit bereits üblich war, ihr Privatleben, was in ihrem Wohn- und Schlafzimmer geschieht, nicht zur öffentlichen Angelegenheit bzw. zur Medienangelegenheit. Und dennoch ist gerade wichtig, zu verzeichnen, dass und wie für eine Frau Machtgewinn zu dieser Zeit durch Beherrschung der Gesetze einer durch Medien vermittelten Gesellschaftlichkeit ermöglicht wird. Das wusste sicherlich auch das Publikum, wobei der Unterschied zum eigenen, ‚normalen' Leben, meist im Angestelltenverhältnis, kein Geheimnis darstellte. In gewissem Sinn argumentiert auch Küpper in seinem Artikel in diese Richtung. Korrelat dieser Figur der Prinzessin als durch Medien ermächtigte Figur ist dementsprechend auch die Masse moderner Menschen, die sich für die Konstituierung ihrer eigenen Identitäten diesen *life style* anzueignen suchten, worauf Küpper jedoch nicht explizit eingeht. Davon auszugehen, dass es

sich im kulturindustriekritischen Sinne um die Produktion einer rein ornamentalen Oberflächlichkeit handelte, würde als Argument viel zu kurz greifen – selbst dann, wenn man erkennen kann, dass dieses Verhältnis von medialer Rolle der Prinzessin und (männlichem und weiblichem) Publikum vorwiegend durch eine nimmermüde Industrie, die standardisierte kulturelle Artefakte am Fließband produziert, endlos reproduziert und vermarktet wird. Selbstermächtigung liegt immer potenziell im Bereich der Bezugnahmen auf Konsumgüter und Medienartefakte mit ihren verlockenden Angeboten für die Erfüllung von Begehren und Wunschvorstellungen. Das bedeutet nicht, dass man die potenzielle Verführung, die von diesen Artefakten ausgeht, ihrerseits nicht ernst nehmen sollte. Es gilt beim Blick darauf, wie sehr sich Frauen zu damaligen Zeit bereits an medialen *role models*, Stars und schillernden Figuren orientierten, zu bedenken, dass es dabei um 1900 schrecklich verpönt war, als Frau zu arbeiten und finanziell und sexuell selbständig zu sein.

Deshalb ist es notwendig, gerade bei der Figur der Prinzessin einen genauen Blick darauf zu werfen, was sie als dieses zu konsumierende Gut, als Fetisch ‚Ware', als Medienprodukt und als Projektionsfläche unter den Bedingungen von modernen, demokratischen Konsumgesellschaften, in denen aktuell die Arbeit am Selbst *die* Technologie bildet, so attraktiv macht. In allen Artikeln scheint deutlich durch, dass es sich angeblich um Merkmale, Charakteristika, Attribute und Fähigkeiten handelt, die jede Feministin auf die Palme bringen würden bzw. sollten. Dies, insofern die Prinzessin offenbar ein falsches Bild von Weiblichkeit erzeugt, das insbesondere für Mädchen ein schlechtes Signal (zur Nachahmung) aussendet, ein „Relikt", wie Emig schreibt,[7] das leider offenbar immer noch seine anziehende Wirkung – zumeist auf Frauen – auszuüben vermag.

Hierbei komme ich nun zunächst zur nächsten unvermeidlichen Dichotomie, die von der Figur der Prinzessin stark affiziert wird, die von real/fiktional bzw. Realität/Fantasie nämlich. Gerade Medienartefakte, seien es Filme, Games oder auch Literatur, zeichnen sich insbesondere dadurch aus, dass sie aufgrund ihrer medialen Eigengesetzlichkeit, die sich einer vollständigen rationalen Durchdringung entzieht, ihren ganz spezifischen Beitrag zu diskursiven Themen leisten können: Ihre epistemologische Elastizität lässt daher Raum für

7 Emig: Warum Prinzessinnen keine Königinnen sind, S. 27.

Affirmationen wie auch für die Verknüpfung von Widersprüchen ebenso wie für radikale Neuentwürfe von Welt- und Selbstbildern zu. In ihnen sind progressive bzw. revolutionäre ebenso verhandelbar wie affirmative bzw. konservative Entwürfe von bspw. Weiblichkeit. Die Frage, welcher institutionelle Status, welche Funktion als kulturelle Technologie ihnen jeweils zugewiesen werden kann, ist bis dato umstritten: Von Korrelat zu in der sozialen Wirklichkeit existierenden Erfahrungsebenen über die Vermischung von realen und imaginären Wahrnehmungs- und Erkenntnisweisen bis hin zur Möglichkeit des totalen Eskapismus wird ihnen alles zugetraut. Fakt ist, dass man die Entfaltung ihrer Bedeutung und daher auch ihre Wirkung auf dazu noch heterogene Publika nicht kontrollieren kann. Daher nutzt auch das beste pädagogische Konzept nichts, welches vermeintlich in sie implementiert wird. In die andere Richtung geblickt: Welche *eine* Vorstellung von Weiblichkeit existiert, die jemals wahrhaftig dargestellt werden könnte? Dass hierüber keine Einigkeit herrschen kann, demonstrieren seit Jahrzehnten die internen Kämpfe vieler verschiedener Feminismen auf dem gesamten Globus. Deshalb gilt im logischen Umkehrschluss, dass weder epistemologisch noch technologisch noch sozial heutzutage überhaupt zu determinieren ist, worin die spezifischen Merkmale der Figur der Prinzessin einzig liegen könnten, die sie zum exklusiven roten Tuch von Feministinnen machen würde. Gerade das klingt aus den Artikeln von Baltes-Löhr und Werner / von Holzen deutlich heraus, dass nämlich die Bilder ‚der Prinzessin' mittlerweile nicht nur pluralisiert, sondern darin auch aktualisiert, sprich liberalisiert, multikulturalisiert worden sind. ‚Zum Alten' im Sinne der Monarchie als Gesellschaftsform will niemand zurück, könnte man diese Verfahren kolportieren. Dennoch bedeutet das nicht, dass eben in der Aktualisierung nicht auch ‚Altes', ‚Konservatives' residuenhaft seinen Platz behalten könnte. Auch die Affekthaushalte, die eng mit Begehrensstrukturen verknüpft sind, spielen in diesem Kontext eine Rolle. Emotionen müssen, worauf Küppers ja abzielt, nicht nur die Referenzgröße ‚Weiblichkeit' zur Identifikation auslösen, sondern dürfen auch andere Elemente von ‚damals' verströmen. Dabei muss es sich eben nicht dezidiert um die politische Hierarchie und die ‚realen' Machtverhältnisse mit ihren Unterwerfungsstrategien oder Repressalien, kann es sich aber durchaus um Wertekanons, um Moralvorstellungen, um Sozialverhalten, um

Begehren sowie, ja, auch um Geschlechterrollen handeln, welche nostalgisch angerufen und affektiv genossen werden können sollen.
Der Effekt solcher Residuen zeigt sich in der Analyse von Werner / von Holzen. In deren Interpretation der Zeichentrickserie *My Little Pony* nähert sich die Schilderung der idealisierten, hierarchisch strukturierten Mädchen-Meritokratie mit ausgeprägtem Verhaltenskodex, inklusive starker Führergestalt, vermutlich nicht-intendiert der Schilderung des Nazi-Systems an. Auch im NS-Regime wurden die Gesellschaftssubjekte angehalten, ihren Beitrag zur Volksgemeinschaft unter dem ‚Führer' zu leisten, indem sie ihre Arbeit und Identität je nach Fähigkeit zur Verfügung stellten mit dem Argument, soziale Herkunft wäre dabei irrelevant, es zähle allein das individuelle Engagement. Der Zugang zu dieser Meritokratie war selbstverständlich ausschließlich Biodeutschen vorbehalten. Diese konservativen Residuen können parallel, unzeitgemäß sozusagen, durchaus mit progressiven Formen von gemeinschaftlichem Zusammenleben, von liberaler Duldung Andersartiger in der Logik der Differenz multikultureller, pluralistischer und differenzliebender Demokratien einhergehen. Positive Aktualisierungen der Bedeutung und Funktion von ‚Prinzessin' sieht die Vielzahl der Autor_innen auch genau in dieser Art der Bezugnahme auf aktuelle Gesellschaftsformationen gegeben bzw. erscheinen die Aktualisierungen dann als gelungen, wenn sie an eine – gerade in diesem Sinn utopische – zugleich liberale, pluralistische und inklusive, dabei aber im konservativen Sinne werteorientierte Gemeinschaft geknüpft sind. Utopisch sind diese Entwürfe dann einmal an dem Punkt, wo sie die Zwanghaftigkeit der Inklusionsmechanismen zugleich *color blinder* und verdeckt strukturell rassistischer, demokratischer und kapitalistischer Gesellschaften ausstreichen, wie sie Deutschland oder die USA par excellence darstellen. Sie sind es zudem vor allem auch an dem Punkt, wo sie Uneinigkeiten, Heterogenitäten und produktive Widersprüchlichkeiten, ja sogar Kämpfe als Implement sozialer Realitäten und Mittel zu gesellschaftlichen Veränderungen nicht zulassen (wollen). Dass es sich hierbei um einen kritischen Punkt von Gesellschaftlichkeit handelt, zeigt nicht zuletzt die aktuelle akademische Renaissance des Konzepts von Uneinigkeit bzw. *disagreement* durch alle Disziplinen hinweg.
Was eine Prinzessin ist und tut, kann heutzutage so viele Facetten annehmen, wie es vermutlich Medienartefakte und Individuen in modernen Gesellschaften weltweit gibt. Allerdings ist die Frage

speziell aus meiner feministischen Sicht, ob ich jene als Fiktionen gut getarnten Utopien, die mir diese kompulsiven, werteorientierten, mit Führergestalt ausgestatteten Integrationsgesellschaften vor Augen führen, in denen alle ihren Fähigkeiten gemäß einer sinnvollen Arbeit nachgehen, um dem Gemeinwohl zu dienen und dadurch Gemeinschaft zu stiften, nicht gerade mit besonderer Skepsis betrachten sollte. Möglicherweise wäre die aktuelle Prinzessin gerade jene, die auf verschiedenste Weise ein Leben führt, in welchem sie alle diese Komponenten nicht erfüllt, sondern indem sie die Dichotomien zugleich lebt, verkörpert, performt, repräsentiert: geschlechtertransitiv – geschlechterintransitiv, privat – öffentlich, real – fiktiv, materiell – semiotisch; indem sie arbeitet, sich selbst glorifiziert, hyperreal und überdeterminiert ist, dabei zugleich nicht an eine Nation oder Gemeinschaft, nicht an Integration und Inklusion glaubt, sondern immer auch zugleich, wie bei Skara, arm, oder auch wie im Editorial eine ‚bitch' und ‚fist queen' ist, migrierend, ‚sans papiers', ‚coyote' (im Rudel) ist.

Abbildungsverzeichnis

Benjamin Möckel: Empathie als Fernsehereignis.

Rolf Bier: *Absorbing Wall*, 2009 – Margarine auf Kalksandstein, ∅ 220 cm | *Beleuchtet beleuchtend*, 2006 – Einhundert Meter Klebeband, Geld, Glühbirne | *Chosen from A Pile*, 2003 – Fotografie, 26 x 34 cm | *Food City*, 1996 – Lebensmittel in Originalverpackungen, schwarzer Lack, 32 x 230 x 140 cm | *Haus und Hof (NY)*, 2004 – Collage aus Preislabeln eingekaufter Waren, 21 x 29 cm | *High noon*, 2002 – Fotografie, 55 x 85 cm | *Warme Ecke (Möhringen)*, 2013 – Margarine auf Euro-Paletten, 153 x 500 x 15 cm.